Die Zukunft
gehört uns

Hrsg. Initiative Werterhalt & Weitergabe e. V.
Dagmar Kohlmann, Dr. Stephan Lang,
Gotthard Steiner

Die Zukunft gehört uns

Volk Verlag München

Die Deutsche Bibliothek verzeichnet diese Publikation in der
Deutschen Nationalbibliografie; detaillierte bibliografische Daten
sind im Internet über https://portal.dnb.de/ abrufbar.

© 2022 by Volk Verlag München und IWW e.V.
Neumarkter Straße 23; 81673 München
Tel. 089 / 420 79 69 80; Fax: 089 / 420 79 69 86

Druck: cpi books, Leck

ISBN 978-3-86222-427-2

www.volkverlag.de

Inhalt

Danksagung

An den Schirmherrn
Prof. Dr. Michael Piazolo
Bayerischer Staatsminister für Unterricht und Kultus
Er rundet mit seinem Schlusswort den Schreibwettbewerb 2021 ab

An die
Regierungsfraktionen im Bayerischen Landtag
für die umfassende Unterstützung des Jugendpreis Projektes

An
Prof. Dr. Klaus Zierer
Ordinarius für Schulpädagogik Universität Augsburg
Seine Bewertungskriterien haben die Entscheidung, wer welche
Siegerplätze einnimmt, überhaupt möglich gemacht.

An den Schirmherrn
Frank Fleschenberg
Vorstand des Eagles Charity Golfclubs
u. a. durch sein Sponsoring konnte der IWW Verein e. V.
die Jugendpreis-Arbeit leisten

An das
Bayerische Kultusministerium
Von dort erhielten alle bayerischen Schulen die Infos über den
Jungenwettbewerb 2021

An die
Gold2go Sponsoren
für die Unterstützung

An die
Juroren
welche mit ihren Auswertungen eine fulminante Arbeit geleistet
haben

An die
Motivatoren und Band „Manu's Cheries"
die durch ihren Einsatz und Engagement zum Erfolg beigetragen
haben.

An die
Prof. Auer Stiftung
für ihre Unterstützung und Motivation

An die
Merck Finck Stiftung
für ihre Unterstützung

An die
Schülerinnen und Schüler im Freistaat Bayern
für ihre ideenreichen und klaren Beiträge

An
Ingrid Möldner
für ihre Hilfe

Vorwort

Die Zukunft gehört uns ...

... so lautet der Satz, welcher das Ergebnis unseres IWW Jugend-preis' auf einen Nenner bringt.

Seit nunmehr elf Jahren engagiert sich die Initiative Werterhalt & Weitergabe im Sinne der Generationengerechtigkeit und hat mit der jährlichen Initiativ-Preisverleihung die Grundlage für den Jugendpreis 2021 geschaffen.

Wir – der gemeinnützige Verein der Initiative Werterhalt & Weitergabe, IWW e. V. – haben es uns zur Aufgabe gemacht, die Nachfolgegeneration in den Fokus zu stellen. Zehn herausragende Persönlichkeiten wie u. a. Claus Hipp, Charlotte Knobloch, Karl-Heinz Rummenigge, Rosie Mittermeier oder Theo Waigel wurden im Zeitraum von 2010 bis 2019 für die Weitergabe von Werten aus-gezeichnet.

Nun, im Jahr 2021, wollen wir wissen wie junge Menschen, im Alter zwischen 15 und 18 Jahre, mit geerbten Werten (materiell und/oder immateriell) umgehen, was sie von ihrer Zukunft erwar-ten und wie sie ihre momentane Situation einschätzen. Unter dem Motto *#sagwasDuwillst* konnten sich alle bayerischen Schulen am IWW Schreibwettbewerb 2021 beteiligen – und in jeder der vier Altersklassen (15 bis 18 Jahre) gab es jeweils fünf Gewinner plus einen Gesamtsieger.

Die Teilnehmenden durften sich entscheiden, ob sie ihre Gedan-ken in einem *Tagebucheintrag* festhalten, oder ob sie einen *Brief an einen Politiker* ihrer Wahl schreiben wollen. Auch ein *Leserbrief* war möglich sowie die persönlichen Ideen in einer *Kurzgeschichte* aus-zudrücken.

Auf den folgenden Seiten finden Sie die Beiträge der ersten drei Plätze aller Preisträger, den Beitrag des Gesamtsiegers – zudem einen Querschnitt durch alle Altersgruppen. Auch die Briefe an die

Politiker sind spannend zu lesen, ebenso das Schlusswort unseres Kultusministers Prof. Dr. Michael Piazolo.

Ihr IWW e. V. Vorstand
Dagmar Kohlmann, Dr. Stephan Lang, Gotthard Steiner

Vorwort

Keine Gesellschaft ohne Werte. So selbstverständlich diese Aussage auf den ersten Blick erscheint, so interpretationsbedürftig wird sie auf einen zweiten Blick. Denn was sind überhaupt Werte und welche Werte sind bestimmend? Seit jeher wird daher leidenschaftlich über die Werte diskutiert und debattiert, die in einer Gesellschaft gelten und eine tragende Rolle übernehmen sollen.

Die letzten Jahre haben nicht nur gesamtgesellschaftlich viele Umbrüche mit sich gebracht und zu Wertedebatten geführt, sondern auch eindringlich gezeigt: Die Auseinandersetzung mit Werten ist nicht nur eine Sache der älteren Generation, sondern sie ist eine generationenübergreifende Aufgabe. Vor diesem Hintergrund ist das Ziel der Initiative „Werterhalt & Weitergabe": Mit „Heute schon an morgen denken" macht sie deutlich, dass für den Fortbestand einer Gesellschaft ein umfassender Diskurs über die Werte einer Gesellschaft fortwährend zu führen und nicht zu vertagen ist.

Vor diesem Hintergrund ist im Jahr 2021 der Jugendpreis *#sagwasDuwillst* unter der Schirmherrschaft des Bayerischen Staatsminister für Unterricht und Kultus, Prof. Dr. Michael Piazolo, ins Leben gerufen worden. Als Jury-Mitglied durfte ich Teil dieses Wettbewerbes sein und konnte so hautnah miterleben, was es heißt, in Zeiten der Corona-Pandemie ein solch ambitioniertes Projekt umzusetzen. Die zahlreichen Einsendungen haben schnell gezeigt: Der Jugendpreis bewegt und spricht viele junge Menschen an! Und nicht nur das: Die Qualität der Einsendungen zeigt: Jugendliche sind in der Lage, sich zu aktuellen Themen differenziert zu äußern. So ist es richtig und wichtig: Gebt den jungen Menschen eine Stimme und verschafft ihnen Gehör! Das vorliegende Buch will genau das und es ist mir eine Freude und Ehre zugleich, mit meinen Gedanken in diese Sammlung an Aufsätzen von jungen Menschen einzuführen. Sie spiegeln in besondere Weise wider, was die nachwachsende Generation bewegt und worauf die ältere Generation achten muss.

So ergeht die Einladung an alle Leserinnen und Leser, sich mit den Gedanken und Ideen auseinanderzusetzen, die viele junge Menschen im Aufsatzwettbewerb aufs Papier gebracht haben und stellvertretend für die nachwachsende Generation sprechen – verbunden mit der Bitte, diese ernst zu nehmen und als Impuls für Werterhalt und Weitergabe zu sehen.

Prof. Dr. Klaus Zierer
Ordinarius für Schulpädogik der Universität Augsburg

Rubrik 1

7 Briefe
an die Politik

1. Beitrag

Julia Klöckner
Bundesministerium für Ernährung und Landwirtschaft
Rochusstraße 1
53123 Bonn

Stellungnahme zum allgemeinen Tierwohl
Kulmbach, den 07.07.2021

Sehr geehrte Frau Bundesministerin,

die erschreckenden Nachrichten von Tierquälerei in der Fleisch-produktion sowie die bewiesene starke Ausbreitung von Covid-19 in deutschen Schlachthöfen rückten vor allem durch die Pandemie und weitere Skandale erneut ins öffentliche Bewusstsein. Von der Produktion und dem Export von Billigfleisch profitieren vor allem große Fleischbetriebe, auf skrupellose Art und Weise. Es ist äußerst skandalös, dass diese seit langem bekannten Missstände von der Politik und den zuständigen Aufsichtsbehörden geduldet und in meinen Augen völlig ignoriert werden.

Als Ministerin für Ernährung und Landwirtschaft tragen Sie die Verantwortung für die sichere Versorgung aller Bürger*innen mit gesunden Lebensmitteln. Warum sahen Sie dem unverantwortli-chen Handeln des Tönnies-Konzerns untätig so lange zu? Und wie kann es sein, dass unzählige Mitarbeiter*innen täglich ihre Ge-sundheit aufgrund ihrer Arbeit im größten Schlachthof Deutsch-lands riskieren müssen?

Auf der einen Seite steht die Verantwortung für alle Bürger*innen und auf der anderen Seite die Pflichttreue für das Tierwohl. Ich verstehe nicht, wie Sie unter der Verteidigung und der Wahrung des Grundgesetzes zulassen können, dass für die Erzeugung und

Weiterverarbeitung von Billigfleisch Tierschutzrecht außer Acht gesetzt wird. Somit wird zudem das Gesetz zum Tierschutz massenhaft geschwächt.

Außerdem sind Sie stellvertretende Vorsitzende der Christlich Demokratischen Union, die sich mit den Pflichten des Christentums und der Bewahrung der Schöpfung sowie des Individuums befasst. Wie vereinbart man diese Werte mit der andauernden Unterstützung einer industriellen Fleischerzeugung, für die Tiere in engen Ställen und sogar Kastenständen gequält werden? Wie ernst nehmen Sie Ihre Pflicht zur Bewahrung der Schöpfung, wenn Sie in Kauf nehmen, dass Mensch und Tier bei der Erzeugung billigen Fleisches ausgebeutet werden?

Für viele Menschen spielen bei der Bewertung des Fleischkonsums auch ethische Argumente eine bedeutsame Rolle. Viele Menschen lehnen zwar aus ethischen Gründen den Fleischkonsum grundsätzlich ab, dennoch steigt der weltweite Konsum an und hat auch ein erhebliches Ausmaß angenommen. Im Hinblick auf das Jahr 2050, wenn mehr als 9 Milliarden Menschen auf der Welt leben werden, wird immer mehr Nahrung erforderlich sein und somit auch Fleisch. Die Auswirkungen des Fleischkonsums auf Umwelt und Klima sind vielfältig: Natürliche Lebensräume werden zerstört, es bedarf einer größeren Menge an Wasser, es führt zu Wasserverschmutzung und zu steigenden Emissionen von Treibhausgasen.

Es müssen alle Betroffenen, egal ob jung oder alt, eingebunden werden. Das ist Fakt. Die früheren Generationen pflegten es in der Nachkriegszeit einmal in der Woche, häufig nur sonntags, Fleisch zu konsumieren. Durch den Strukturwandel hat sich der Konsum komplett verändert und ein Deutscher verzehrt in der Woche mindestens ein Kilogramm Fleisch.

Gerade auch am Aspekt der Nachhaltigkeit lässt sich feststellen dass die Menschen früher ihr Fleisch direkt regional bezogen haben, während lebendige Tiere heutzutage auf einem Transportweg zum Schlachthof Stress und großes Leid verspüren. Jeder Konsument, der dies bewusst in Kauf nimmt, sollte definitiv mit dem Schicksal der Tiere konfrontiert werden. Das heißt Generationen können definitiv voneinander profitieren und müssen dies auch und zwar sehr dringend!

Wir alle wissen, dass die Fleischindustrie ein System ist, das nicht nur Tiere quält sondern auch unsere Gesundheit gefährdet, der Umwelt schadet und als Resümee sogar den Prozess der Klimakrise anheizt. Deshalb braucht unser Land einen Umbau der Tierhaltung und Fleischproduktion als Grundlage, um den Vorreiter für andere Länder bilden zu können, um am Ende sogar global etwas verändern zu können. Der deutsche Ethikrat kritisierte in Deutschland eindeutig den Tierschutz und legte eine ethisch verantwortungsvolle Nutztierhaltung vor. „Ich kenne kein einziges Rechtsgebiet, in dem so heuchlerisch vorgegangen wird wie im Tierschutzrecht", sagte Steffen Augsberg, Sprecher der Arbeitsgruppe Tierwohl im Deutschen Ethikrat. Dieser verlangt ebenfalls eine komplette Veränderung der bestehenden Nutztierhaltung.

Somit appelliere ich eindringlich an Sie, **konkrete Maßnahmen zum Umbau der Tierhaltung und der Fleischproduktion in Deutschland** im Sinne des Tieres zu ergreifen:

- Setzen Sie konsequent geltendes Tierschutzrecht durch: Die Haltung von Sauen in nicht artgerechten Kastenständen muss bedingungslos verboten werden.
- Schaffen Sie Transparenz für Verbraucher*innen, die nicht länger Fleisch von Tieren kaufen, welche nicht artgerecht gehalten wurden.
- Führen Sie eine durch das Gesetz verpflichtende Haltungskennzeichnung für alle Fleischprodukte ein.
- Schaffen Sie mit einer zweckgebundenen Tierwohl-Abgabe eine sichere finanzielle Basis für die gezielte Förderung des Tierwohls.

▫ Stellen Sie mit der Verabschiedung eines Lieferkettengesetzes sicher, dass Unternehmen in Deutschland entlang der gesamten Wertschöpfungskette soziale und ökologische Standards einhalten müssen.

Ich hoffe sehr, dass Sie ihrer Verantwortung von Mensch Tier und Umwelt gerecht werden und jetzt handeln, da mir das Thema sehr am Herzen liegt.

Mit freundlichen Grüßen

Emilia

2. Beitrag

Sehr geehrte Politik,

ich kenne ein Mädchen. Sie geht in meine Klasse. Ihr Name ist jetzt nicht wichtig. Sie setzt sich für die Rechte jeder Randgruppe ein, sie ernährt sich vegan und sie ist Kommunistin. So gesehen ist sie eine Vorzeige-Linke. Ihre Eltern sind beide berufstätig und engagieren sich in zig Vereinen oder Vorständen. Es hat lange gedauert, bis ich herausbekommen habe, dass politisch links zu sein ein Privileg ist. Wenn wir ehrlich zu uns selbst sind, wie viel Diversität sehen wir wirklich auf den „Fridays for Future"-Demonstrationen. Es sind doch immer die gleichen Kinder mit ihren Markenklamotten und ihren Mateflaschen. Ich schließe mich selbst nicht aus. Ich denke darüber nach, warum es Menschen gibt, die heutzutage immer noch Fleisch essen, kein bisschen auf ihr Konsumverhalten achten und überall mit dem Auto hinfahren, während ich in meinen 100 Euro Schuhen das Haus verlasse, das meinen Eltern gehört. Warum erhöht der Staat nicht einfach die Benzinkosten oder die Preise für Fleisch und Fisch? Mittlerweile habe ich verstanden, dass das nicht so einfach ist. Ohne Alternativen ist Wandel nun mal nicht möglich. Klar, wir können Autofahren teurer machen und alle Mindestlohnarbeiter:innen zur Verzweiflung bringen, bis sie beschließen, dass sie sich das Fleisch vom Metzger einfach nicht mehr leisten können und stattdessen ihre Familien mit billigem Discounterfleisch ernähren. Wenn ich meine jungen, naiven und unwissenden Gehirnzellen mal so richtig auf Hochtouren bringe, kommt mir die Idee, einfach das Schienennetz auszubauen, Schülern und Studierenden kostenlose Zugfahrkarten zu finanzieren und allgemein die öffentlichen Verkehrsmittel für alle Bürger:innen attraktiver zu gestalten. Allerdings weiß ich, dass das nicht möglich ist, denn es würde bedeuten, dass die reichen Politiker etwas für ihr Geld tun müssten und effektive, langfristige Problemlösung ist nichts für die Bundesrepublik Deutschland, denn auch ohne das eigene Land voranzubringen, kommen die Steuern Anderer in Form eines Spitzengehalts auf dem eigenen Konto an. Aber Schluss mit all den Anschuldigungen. Wir sollten uns an die eigene Nase fassen und lieber die Menschen, die sich teure Lebensmittel nicht leisten können, zur Rechenschaft ziehen, statt den Staat anzugreifen nur, weil er die Fleischindustrie mit Steuergeldern subventioniert. Steuergelder, die wir übrigens zahlen, aber das nur so nebenbei. Vegetarische oder sogar vegane Ernährung mit vielen Biofleischprodukten auszugleichen ist nun mal nicht für jeden so einfach zu bezahlen. Aber für die ökologisch nachhaltige Jugend aus der Mittel- und Oberschicht ist das häufig unverständlich. Das waren jetzt ein paar Probleme mit ein paar Lösungsvorschlägen, welche sehr wahrscheinlich niemals umgesetzt werden, aber es muss doch auch etwas geben, dass wir zurück bekommen. Die meiste Arbeit sollte man in die Zukunft investieren und was ist die Zukunft? Genau, wir, die junge Generation und was wäre besser als finanzielle Mittel für uns und vor allem unsere Bildung zu verwenden. Der Begriff, den ich im Auge habe ist „Stipendium". Rein hypothetisch wäre es das Beste, Unterstützung den Menschen zukommen zu lassen, die sie brauchen, aber wir leben in einer Welt, die einfach nicht so funktioniert. Geld bekommt nicht der, der es braucht, sondern der, der am meisten Gewinn dadurch bringt und das ist nicht das Kind aus armen Verhältnissen, sondern das Kind mit wohlhabenden und bildungsnahen Eltern, die mit zusätzlichem Lernmaterial und teurer Nachhilfe ihrem Kind so ein Einserabitur ermöglichen konnten. Realistisch betrachtet sieht die Zukunft nicht sehr rosig aus, aber wenn ich für einen Moment die Augen schließe und alles um mich herum vergesse, dann sehe ich das Potential unserer Gesellschaft. Wir sind fähig dazu, in einer Welt zu leben, in der jeder die gleichen Chancen hat. In der sich Frauen nicht doppelt und dreifach ins Zeug legen müssen, um ernst genommen und respektiert zu werden und Kindern mit ihrer Geburt nicht schon ein bestimmter Lebensweg zugewiesen wird. Eine Welt, in der man sich weder der Masse anpassen, noch aus der Menge herausstechen muss. Eine Welt voller Individuen von gleichem Wert, die gemeinsam gegen Probleme wie den Klimawandel und Massentierhaltung vorgehen. Aber das ist ja nur so eine Idee.

3. Beitrag

Sehr geehrte*r Herr/Frau Politiker*in,

ich bin es wieder einmal. Vier Jahre liegt er nun schon zurück, unser letzter Briefwechsel. Seitdem ist es deutlich wärmer geworden, die Atmosphäre ist angespannt und brandgefährlich. Auge in Auge stehen sich zahlreiche politische Lager gegenüber, während der künstliche Sommer langsam Richtung Höhepunkt schreitet. Die Parteienlandschaft zersplittert sich. Und Sie wissen genau so gut wie ich, dass das keine erfreulichen Folgen haben wird. Ohne Mehrheit können wir nicht regieren, können die Welt nicht zu einem besseren Ort machen.

Geben Sie sich einen Ruck!

Sehen Sie wenigstens diesmal über die von Kohle geschwärzten Gelder hinweg, die neben Ihrem Gehalt urplötzlich auf dem Konto auftauchen, hören Sie auf die Experten und die jungen Stimmen der Nation. Sicher, sie mögen etwas stürmisch, etwas aufdringlich, vielleicht sogar frech erscheinen, aber auch sie haben eine Meinung. Geben Sie ihnen die Möglichkeit, politisch aktiv zu werden. Gestalten Sie ihre Partei moderner, zeigen Sie sich weltoffen und lernen Sie das Massenmedium Internet zu schätzen. Ein jeder soll das Gefühl haben, Teil einer Debatte zu sein und kein Außenstehender, der ohnehin von der Regierung ignoriert wird.

Lassen Sie uns etwas tun, das allen hilft. Die Wirtschaft ist schon wichtig und das Geld halt auch, aber den Anstand und wenigstens den Willen, Chancengleichheit zu ermöglichen, sollte man trotzdem nicht vergessen. Also denken Sie nicht immer nur an die riesigen Firmen, sondern auch an den einfachen Mann oder die einfache Frau, wenn Sie neue Steuern brauchen, wenn Sie einen Weg finden müssen, die Rente zu finanzieren.

Doch handeln Sie bitte nicht aus Scheinheiligkeit. Seien Sie ehrlich. Keine falschen Versprechen, keine 180-Grad-Drehungen nach der Wahl. Kein Hinauszögern der Agenda. Lügen haben kurze Beine und kommen in einem Zeitalter der Vernetztheit, in dem Informationen mit Highspeed um die Welt gesendet werden, erst recht nicht weit. Sie können sich nicht einfach über die Bevölkerung stellen, sich distanzieren von all den Hoffnungen, die Sie ihren Mitbürgern gegeben haben. Denn auch wenn

Sie im Amt sind: es gibt immer eine nächste Wahl und die Wähler werden sich erinnern. Sogar eine Halbwahrheit bricht einem hier nur allzu leicht das Bein.

Und denken Sie, wenn möglich, auch an andere Länder. Sehen Sie das Ganze ein bisschen globaler. In Deutschland und in vielen weiteren Teilen der westlichen Welt kennt man die Menschenrechte, man achtet die Gleichberechtigung von Geschlecht, Religion und Vermögen. Zumindest auf Papier. Warum unterstützen wir dann Länder, in denen Ausbeutung, Kinderarbeit, und Unterdrückung auf der Tagesordnung stehen? Warum erlauben wir unseren Firmen, an diesen schmutzigen Geschäften mitzuverdienen? Wir brauchen Sanktionen, eine Art Steuer für ethisch nicht vertretbare Produktion, sodass sich faire Herstellung wieder eher lohnt.

Aber auch angesichts des Klimaschutzes müssen Sie international denken. Was nützt es uns, das Autofahren zu verbieten und die Natur mit Windrädern vollzustellen, wenn der Rest der Welt nach wie vor grauschwarze Wolken gen Himmel schießt?

Die moderne Welt ist eine andere, sie hat sich verändert. Das Internet ermöglicht eine völlig neue Art der Kommunikation. Europäer, Amerikaner und Asiaten sind nicht mehr zwingend Fremde. Die Kulturen überschneiden sich immer stärker, das Gedankengut wird internationaler. Auch wirtschaftlich ist die Welt schon verbunden.

Nur politisch noch nicht. Und deshalb müssen Sie langsam beginnen, die Menschheit nicht nur als potenzielle Wähler zu sehen, nicht auf Statistiken und Landesgrenzen zu reduzieren, sondern als Individuen, die ernst genommen und gehört werden wollen. Die Beziehungen zum Rest der Welt, aber vor allem zu unseren Nachbarländern müssen gehegt und gepflegt, die EU muss als Ganzes gestärkt werden. Nicht über Drohungen und Machtkämpfe wird dies erreicht, sondern durch Kommunikation, die bei der Bevölkerung beginnt. Staatlich geförderte Schüleraustausche, internationale Projekte, erleichterte bürokratische Bedingungen bei Arbeit im Ausland und eine allgemeine Aufklärung über die gemeinsame Geschichte Europas sind ein erster Schritt.

Mit freundlichen Grüßen
Ihr Gewissen

4. Beitrag

Sehr geehrter Herr Söder,

Zu dem Zeitpunkt, an dem ich diesem Brief schreibe, bin ich 17 Jahre alt. Im September werde ich 18. Von älteren Freunden weiß ich bereits, dass an meinem Geburtstag ein Schreiben von Ihnen in meinem Briefkasten liegen wird, in dem Sie mir „viel Glück und Freude" wünschen und versichern, dass sie dabei helfen möchten, dass ich „gute Startchancen" ins Leben bekomme. Trotz aller guten Wünsche spiegelt dieser Brief und insbesondere diese letzte Aussage sehr gut wider, wie sich meiner Meinung nach die Politik gegenüber uns Jugendlichen in den letzten Jahren verhalten hat: Für Sie scheint unser Leben erst zu „starten" und relevant zu werden, wenn wir die Volljährigkeit erreichen und damit zu möglichen Wählern werden.

Im Licht der Corona-Pandemie ist dieser Trend, der sich schon lange vorher gezeigt hatte, nur deutlicher geworden. Trotz aller Beteuerungen, dass „Kinder und Jugendliche in der Krise natürlich Priorität haben", wurden wir als die leichtsinnigen Jugendlichen, die sich doch endlich mal zusammenreißen sollen, dargestellt, und Schulen in Vergleich zur Wirtschaft stark benachteiligt. Als Folge davon ist bei vielen von uns das Gefühl entstanden, dass sich die Politik wirklich erst für uns interessiert, wenn unsere Meinung direkten Einfluss auf Wahlergebnisse hat.

Ich möchte hier nicht anprangern, dass die Politik Entscheidungen über noch nicht wahlberechtigte Jugendliche trifft. Das ist nur logisch – schließlich sind wir ja noch nicht erwachsen, haben weniger Erfahrung und tragen weniger Verantwortung. Stattdessen geht es mir vielmehr um die Art und Weise, mit der die meisten Politiker in Bayern und ganz Deutschland auf Sorgen, Einwände und Anliegen von Jugendlichen eingehen.

Diskussion und Dialog sind Teil des Kerns unserer Demokratie, deshalb entscheidet man sich als Jugendlicher, der noch nicht wählen darf, meist für diesen Weg, wenn man auf die Politik Einfluss nehmen möchte. Doch jedes Mal, wenn sich Protest aus der Jugend erhebt, der nicht selten durch logische Argumente gestützt ist, kommt von Politikern immer dieselbe Antwort: Ihr kennt euch doch viel zu wenig aus und habt die Situation überhaupt nicht verstanden.

Wahlrecht ab 16? Die Jugend interessiert sich doch überhaupt nicht für Politik. Entschiedenere Maßnahmen für den Klimaschutz? Die Jugend versteht einfach nicht, dass ihre übertriebenen Maßnahmen unmöglich durchzusetzen sind. Der Einfluss der Corona-Maßnahmen auf unser Leben? Diese Jugend will doch nur feiern und hat überhaupt keine Ahnung, wen sie damit gefährdet!

Jedes Mal, wenn wir versuchen, Politikern unsere Meinung klarzumachen, werden wir nicht ernstgenommen und unsere Aussagen mit Begründungen dieser Art diskreditiert. Denken Sie doch nur daran, wie oft wir im Namen von Fridays for Future auf die Straße gehen mussten, bis die Politik aufgehört hat, darüber zu spötteln! Da nahezu immer, wenn wir irgendeine Forderung oder ein Anliegen äußern, auf diese Weise reagiert wird, ist es unmöglich, einen ausgewogenen Dialog zu führen, was für uns auf Dauer extrem frustrierend ist.

Damit es jetzt nicht zu Missverständnissen kommt: es geht mir nicht darum zu sagen, dass Aussagen von Jugendlichen nicht kritisiert werden dürfen. Schließlich sind in einer Debatte die Reaktion und das Eingehen auf den anderen Diskutierenden mindestens genauso wichtig wie die Argumente selbst. Vielmehr geht es darum, das, was wir ansprechen und fordern nicht länger aus diesem herabschauenden Blickwinkel heraus zu betrachten, sondern auf Augenhöhe.

Immer häufiger ist von einem sich ankündigendem „Generationenkampf" die Rede – die Ermöglichung eines etablierten Dialoges zwischen Jugend und Politik könnte seine Lösung sein. Denn ich glaube, dass der Frust meiner Generation längst nicht so groß wäre, wenn wir das Gefühl hätten, dass die Politik uns aktiv zuhört anstatt uns auf die „Politikverdrossenen", „Schule schwänzenden" und „hirnlos Feiernden" zu reduzieren. Doch wie könnte ein solcher Austausch aktiv verwirklicht werden?

Der erste und wichtigste Schritt hierfür wäre, mehr Räume dafür zu schaffen. Denn die Jugend hat, anders als Unternehmen und Verbände, keine eigene Lobby – und damit kaum Kontaktpunkte zur Politik. Es braucht mehr Gelegenheiten und Möglichkeiten für uns, um mit Politikern ins Gespräch zu kommen, am besten auf regelmäßiger Basis – denn ein Treffen mit ein paar wenigen Schülervertretern, das vielleicht einmal im Jahr stattfindet, reicht dafür einfach nicht aus. Ich bin fest davon überzeugt, dass dies das gegenseitige Verständnis beider Seiten füreinander fördern würde: Die Politik bekäme ein besseres Gefühl für unsere akuten Probleme, während wir einen besseren Einblick und direktere Verbindung zur Politik hätten.

Besonders bei politischen Entscheidungen, die in erster Linie Jugendliche betreffen, halte ich einen solchen Austausch für essentiell. Schließlich gibt es ja bereits Gremien wie den Ethik- oder Wirtschaftsrat, die regelmäßig konsultiert werden. Warum sollte es dann nicht auch einen Jugendrat geben können, der unsere Perspektive widerspiegelt?

Uns eine solche Möglichkeit zu bieten ist nur fair, da die meisten Entscheidungen, die ohne uns getroffen werden, unsere Zukunft und damit unser ganzes Leben nachhaltig beeinflussen. Denken Sie doch bloß an den Klimawandel – unsere Generation wird am längsten mit seinen Auswirkungen leben müssen, doch um kleinste Veränderungen in der Klimapolitik zu bewirken, müssen wir erst zu Tausenden auf die Straße gehen.

Es geht mir nicht darum, mich nur zu beschweren, sondern darum, Ihnen bewusst zu machen, wie wir den Umgang von Politikern, deren höchste Priorität wir angeblich sein sollen, tatsächlich wahrnehmen. Auf lange Sicht könnten alle Beteiligten von einem regelmäßigeren, nicht von Vorurteilen und herabsehendem Verhalten geprägten Dialog profitieren. Denn unser Leben startet nicht erst mit unserem 18. Lebensjahr, sondern wird auch schon durch die Jahre zuvor stark geprägt. Deswegen: diskutieren Sie mit uns!

Mit freundlichen Grüßen
Francesca

5. Beitrag

Sehr geehrter Herr Professor Dr. Piazolo,

ich wende mich heute an Sie in Ihrer Funktion als Ansprechpartner für Schüler und Eltern.

Stellen Sie sich bitte einmal in einem kurzen Gedankenexperiment vor, Sie hätten einen schlimmen Herzfehler, der zum Glück operabel wäre. Doch bevor Sie sich der überlebenswichtigen OP unterziehen könnten, müssten Sie bestimmte Anforderungen erfüllen. Zunächst wäre es nötig, einen Antrag bei Ihrer zuständigen Klinik zu stellen. Dabei dürften Sie gleich auch eine Anzahlung von 200€ leisten. Der nächste Schritt wäre, dass Sie sich in zwei voneinander völlig unabhängigen psychologischen Gutachten manifestieren dürften. Um einen Gutachter zugeteilt zu bekommen, müssten Sie jedoch zuvor der Klinik 1400€ überweisen. In den Gutachten sollten die folgenden Fragen geklärt werden: 1. Ist die OP für Sie wirklich überlebenswichtig/ haben Sie wirklich einen Herzfehler? 2. Haben Sie dieses Problem schon mindestens seit drei Jahren? Und 3. wird sich dieses mit sehr hoher Wahrscheinlichkeit auch nicht doch noch von selbst lösen? Zusätzlich würde in diesen beiden Gesprächen erörtert werden, wie Sie aufgewachsen sind und wie oft Sie Sport treiben (natürlich alles nur mit Bezug auf Ihren Herzfehler).

Anhand dieser Grundlagen würde dann entschieden, ob Sie sich dieser für Sie lebensverändernden und eventuell rettenden Handlung unterziehen dürften oder eben auch nicht. Das klingt befremdlich und teuer, finden Sie nicht? Sie hätten keinerlei Möglichkeit der Selbstbestimmung, es würde einfach über Ihren Kopf hinweg entschieden. Ihre persönliche Freiheit (ein Menschenrecht) wäre dadurch einfach so eingeschränkt.

Vielleicht haben Sie mittlerweile eine Vorahnung, worauf ich mit diesem Gedankenexperiment hinaus möchte. Es geht um das Transsexuellengesetz (TSG), ein Gesetz, das vor über 40 Jahren entstanden ist (10.09.1980). Der erste Störpunkt des Gesetzes liegt bereits in seinem Namen, denn wenn wir über Transgender reden, handelt es sich hierbei nicht um Sexualität, sondern vielmehr um Geschlechtsidentität – zwei voneinander völlig unabhängig Dinge. Bei Transidentität stimmt das Körperbewusstsein nicht mit den Körpermerkmalen und dem genetischen Geschlecht überein. Und woher weiß nun eine betroffene Person, dass dieser Fall für Sie zutrifft? Vergleichbar wäre beispielsweise die Händigkeit. Woher weiß ein Mensch bereits in seiner Kindheit, ob er Rechts- oder Linkshänder ist? Er wird nicht mit einem speziellen Zeichen oder einer besonderen Markierung auf der Hand geboren und dennoch spürt er, dass es sich falsch anfühlt, die nicht richtige Hand zu benutzen.

Zurück zum eigentlichen Thema, dem TSG. Die Schritte meines ersten Fallbeispiels, der Herzerkrankung, beschreiben ziemlich genau den Weg, den eine Transperson gehen muss, um eine Personenstandsänderung zu erlangen. Jedoch wird die Klinik durch das zuständige Amtsgericht ersetzt und die Frage zum Sport durch eine wie: Wie oft masturbieren Sie täglich? Diese Art von Fragen können als extrem entwürdigend und diskriminierend wahrgenommen werden. Auch fällt es vielen betroffenen Personen schwer, ihre Gefühle und höchst intimen Geschichten einem wildfremden Gutachter zu veranschaulichen (zusätzlich natürlich getrieben von der Angst, dabei eine falsche Antwort zu geben). Insgesamt lässt sich sagen, dass das Gesetz stark veraltet ist, für hohe Kosten bei den Betroffenen sorgt, lange Wartezeiten beansprucht (sowohl um den Antrag stellen zu dürfen als auch die Ausführung des Antrags), die gewollte Identität nicht anerkannt wird, bis der Prozess zu Ende ist (alle Anschreiben laufen unter dem Geburtsnamen, obwohl das ganz klar nicht erwünscht ist) und nicht zuletzt natürlich einen starken Eingriff in die Freiheit und Würde des Menschen darstellt. Und dabei handelt es sich hierbei noch nicht einmal um eine geschlechtsangleichende OP oder die Einnahme von Hormonen. Es geht lediglich um die offizielle Namensänderung und Geschlechtsangleichung auf dem Papier. Viele Befürworter des TSGs halten dieses für eine Art Absicherung, um festzustellen, ob die Personen wirklich überzeugt von ihrem Vorhaben sind und nicht nach ein paar Monaten feststellen, dass sie eine Detransition (Rückangleichung) wollen. Oft wird das Ganze auch für einen Hype gehalten, da sich gerade auch bei vielen Jugendlichen mit einsetzender Pubertät Transgeschlechtlichkeit offenbart. In einer Befragung Transjugendlicher gaben 79% an, dass ihre Familie ihre Geschlechtsidentität nicht ernst genommen habe, wie Claudia Krell in ihrem Buch „Coming-out – und dann?!" beschreibt. Und in einer Erhebung der EU-Grundrechtsagentur von 2014 beklagten 58% der befragten Transpersonen aus Deutschland, in den letzten 12 Monaten diskriminiert oder belästigt worden zu sein. Würden Menschen all das wirklich auf sich nehmen, um einem Trend zu folgen? Die genaue Anzahl der Transmenschen in Deutschland lässt sich nicht sagen, da es hierbei auch eine hohe Dunkelziffer gibt. Jedoch gehen Experten von 0,6–3% der deutschen Bevölkerung aus.

Was sollte sich also für diese Menschen in naher Zukunft dringend ändern? Ein großer Schritt wäre bereits die Aufklärung der Schulfamilien zu diesem Thema speziell, aber auch allgemein zu Gender und Sexualität in Form von Beratungsangeboten für Eltern und Informationsvorträgen an Schulen. Die Gesellschaft muss die richtigen Umgangsformen lernen (deadnaming, die Ansprache mit dem alten Namen einer Transperson zum Beispiel, kann sehr verletzend sein) und dass es nicht nur zwei Geschlechter auf dieser Welt gibt. Auch Menschen in der Transition (Geschlechtsangleichung in allen Facetten), die häufig unter einem großen Leidensdruck, im falschen Geschlecht zu leben (Dysphorie), stehen, sollten einen Rechtsanspruch auf Beratung, Aufklärung und gute Gesundheitsleistungen erhalten, anstatt jede Menge Steine durch das TSG in den Weg gelegt zu bekommen. Eine Änderung des Gesetzes könnte vielen Menschen das Leben retten, für die es unmöglich ist, in ihrem biologischen Geschlecht weiterzuleben.

Akzeptanz, Toleranz und jeglicher Ausschluss von Diskriminierung gehören zu den wichtigsten Werten in einer modernen und sich immer weiterentwickelnden Gesellschaft, wie der unseren.

Jeder einzelne von uns kann etwas an sich und der Denkweise seines Umfelds verändern.

Ich bitte Sie, dieses für viele Jugendliche so wichtige Thema an den Schulen mehr publik zu machen und fest in Abläufe zu etablieren, um in der Bevölkerung dafür mehr Verständnis und Bewusstsein zu schaffen. Vielleicht ließe sich mit diesem Wandel auch das TSG Schritt für Schritt revolutionieren.

Mit freundlichen Grüßen

Larissa

6. Beitrag

Sehr geehrter Herr Piazolo,

vor ein paar Jahren habe ich nicht verstanden, was gemeint war, wenn mir jemand gesagt hat „Das deutsche Schulsystem ist weder zukunftsorientiert noch auf irgendeine Art und Weise erfolgreich". Doch jetzt mit 15 Jahren verstehe ich es.

Das deutsche Schulsystem ist ein System, in welchem ein Kind oder ein Jugendlicher lediglich einer von vielen ist. Eine Nummer in einem nicht funktionierenden System. Wie sollen Kinder, die alle so unterschiedlich sind in ihrer Veranlagung, in der Lage sein, das Gleiche zu erreichen? Das, was offensichtlich erwartet wird? Wieso kann man es nicht ermöglichen, dass Kinder in ihren jeweiligen Interessen und Stärken gefördert werden? Wie soll ein Kind oder ein Jugendlicher in der Lage sein einem solchen Druck stand zu halten? Schlimm genug, dass oftmals die Erwartungshaltung der Eltern nicht erfüllt werden kann. Wieso muss von Seiten der Bildung her noch zusätzlicher, vollkommen unnötiger Druck ausgeübt werden? In der Schule sollte es nicht darum gehen, stupide zu gehorchen und sich vollkommen der „Arbeit" hinzugeben sondern darum, sich in jeglichen Richtungen weiterbilden zu können. Man sollte auch seine individuellen Interessen verfolgen dürfen, um daran zu wachsen, um darin besser werden zu können und um seinem Berufswunsch (der bei den meisten ganz klar in einem der Interessengebiete angesiedelt sein dürfte) näher kommen zu können. Egal ob dieser bei der Kunst, der Musik, dem Schreiben oder bei etwas völlig anderem liegt. Doch offensichtlich ist das Einzige, was das deutsche Bildungssystem aktuell hergibt, Frontalunterricht und das auch noch in sehr vielen Fällen von Lehrern, die weder sensibilisiert sind, noch Empathie besitzen. Man erlebt im Schulalltag Mobbing, Bevorzugung/Benachteiligung und viel zu veraltetes Handeln und das eben nicht nur von der Schülerseite her, sondern von jenen, die eigentlich die Funktion eines Vorbilds erfüllen sollten. Was jedoch nicht bedacht wird ist, dass es im Berufsleben nicht mehr nur auf Produktivität, Gehorsam und das „Funktionieren" ankommt, sondern mittlerweile auch auf Kreativität und soziale Kompetenzen. Bereitet die Schule in Deutschland darauf vor? Ich sage nein!

Schulen haben nicht nur einen Bildungsauftrag, sondern auch einen Erziehungsauftrag. Wenn es Eltern, aus welchen Gründen auch immer, nicht schaffen, ihren Kindern Werte wie Höflichkeit, gegenseitigen Respekt und ein soziales Miteinander zu vermitteln dann ist die Schule in der Pflicht. Warum gibt es keine Stunden, die diese Themen behandeln und vertiefen? Warum wird so oft gemobbt und dann auch noch – egal ob Mitschüler oder Lehrer – weggeguckt? Ist es wirklich wichtiger, Sinuskurven berechnen zu können als Empathie zu lernen?

Als meine Mutter noch zur Schule gegangen ist gehörte die Aussage „Du wirst später auch nicht ständig einen Taschenrechner zur Hand haben." zum Schulalltag. Und siehe da, wir haben jetzt alle Smartphones dabei – immer und überall! Der Lehrplan hat sich seitdem aber nicht großartig verändert. Klar, ein einigermaßen doofes Beispiel, das sich aber auf alles übertragen lässt. Schule heute ist einfach nicht mehr zeitgemäß, weder die Form noch der Inhalt.

Wieso können wir also nicht für jeden eine Vision einer guten Zukunft schaffen? Eine Zukunft ohne unmenschlichen Druck, ohne Angst in die Schule zu kommen aufgrund von Mobbingattacken, welche die Lehrer überfordern und deshalb nichts unternommen wird oder, weil einem einzelne Fächer einfach nicht liegen und man deswegen heruntergemacht wird beziehungsweise manch einer sogar auf der Strecke bleibt. Fächer, die Werte wie Dankbarkeit, Wertschätzung, Toleranz vermitteln und verdeutlichen, Weiterbildungen zur Sensibilisierung der Lehrer, regelmäßige Überprüfungsstunden (unangekündigte Besuche während der Unterrichtszeit; nicht nur zur Kontrolle der Lehrer!) und den Ansatz, die Gedanken und Probleme der Schüler wirklich wahr- und ernst zu nehmen. Eine verpflichtende Klassenfahrt, um die Gemeinschaft innerhalb der Klasse zu stärken (Teambuilding). Die Notenabschaffung in Fächern wie Kunst, Musik und Sport. Kunst liegt immer im Auge des Betrachters und sollte (bzw. darf) nicht von einer anderen Person bewertet werden! Sport liegt nicht jedem, könnte aber jedem Spaß machen; es sollte um die Abwechslung zum sitzenden Unterricht gehen und kein leistungsorientiertes Fach sein. Und Musik? Nicht jeder kann und/oder möchte ein Instrument spielen oder singen, weshalb das ebenfalls als Abwechslung und Auflockerung dienen sollte. Stattdessen bietet dieses Fach – genauso wie der Sportunterricht – wieder viele Anlässe zur Erniedrigung durch eben die oben angesprochene fehlende Sozialkompetenz. In der Kunst und der Musik kann man sich ausdrücken, ganz persönlich, und das wird dann mit Noten bewertet? Schrecklich.

Diese Dinge können umgesetzt werden und könnten vielen Schülern und Schülerinnen helfen. Und selbst die Firmen, also die späteren potenziellen Arbeitgeber, sind langsam dabei, ihre Konzepte zu modernisieren und anzupassen, wieso nicht also auch die Schulen?

Nicht vergessen sollte man übrigens auch, dass gerade in Bayern das Abi ja als Nonplusultra angesehen wird. Wer führt denn dann in Zukunft die Arbeit aus? Das Image des Handwerks muss dringend gestärkt werden, was die Abschaffung der Stigmatisierung von Mittelschülern voraussetzt. Bayern muss stolz auf seine Jugend sein, auf jeden Einzelnen! Und endlich dieses leistungsorientierte Denken und Tun abschaffen. Leistung ist toll, aber um welchen Preis?

Mit freundlichen Grüßen
Mara

Und natürlich ist mir bewusst, dass ich mit diesem Text und meinen Gedanken zum Thema keine Chance habe einen höheren Platz zu belegen. Bei einer so breit gefächerten Jury wollte ich aber diese Chance auf Gehör nutzen. Ich weiß von ganz vielen Kindern und Jugendlichen, die genauso denken und das Schulsystem jeden Tag zu spüren bekommen. Mein ursprünglich gewähltes Thema würde wahrscheinlich besser ankommen ...

7. Beitrag

Sehr geehrter Prof. Dr. Michael Piazolo,

Ich schreibe Ihnen, dem bayrischen Kultusminister, da ich nun nach meinem Abitur über das Schulsystem nachgedacht habe und zu dem Schluss gekommen bin, dass es eine große Lücke im Lehrplan im Bereich der Sexualkunde gibt. Im Lehrplan für bayrische Schulen heißt es, in Bezug auf die Sexualerziehung: „Die Familien- und Sexualerziehung begleitet den seelischen und körperlichen Reifungsprozess von Schülerinnen und Schülern". Doch wie soll dieser Prozess begleitet werden, wenn nur über heterosexuelle Familien, heterosexuelle Liebe und heterosexuellen Sex gesprochen wird?

Im Unterricht wird von Beginn an von einem heteronormativen Familienbild geredet, als würde es keine andere Möglichkeit geben. Mutter, Vater, Kind. So wird es den Kindern beigebracht. Manche Kinder haben das Glück ein offenes und tolerantes Elternhaus zu haben, von dem sie mitbekommen, dass Liebe nicht falsch ist, egal wen man liebt. Nicht jedes Kind bekommt das von zu Hause mit. Liebe ist Liebe und genau das sollte den SchülerInnen von Beginn ihrer Selbstfindung beigebracht werden. Laut einer 2016 veröffentlichten Studie des Meinungsforschungsinstituts Dalia Research fühlen sich rund 10% aller Deutschen als nicht heterosexuell. Warum sollte man also nur den restlichen 90% ihre Gefühle erklären? Homosexuelle Gefühle im Kindes- und Jugendalter können, wenn die Betroffenen das in ihrem Umfeld nicht kennen, zu großen Selbstwert- und anderen mentalen Problemen führen. Das Gefühl, wenn immer nur zwischen der Liebe zwischen Mann und Frau, während man nicht versteht, warum man sich noch nie in das andere Geschlecht verliebt hat, ist für Heterosexuelle gar nicht vorstellbar. Ich habe immer noch Probleme damit, freundschaftliche und romantische Gefühle zu unterscheiden, weil ich es als eine sehr gute Freundschaft abgetan habe, wenn ich mich verliebt habe, denn über diese Gefühle wurde nie gesprochen.

Auch auffällig ist, wie über Verhütung gesprochen wird. Im Unterricht wurde an meiner Schule früher als einziger Schutz gegen Geschlechtskrankheiten das Kondom genannt. Ich kenne nun viele verschiedene Verhütungsmethoden um Schwangerschaften vorzubeugen, aber wie man sich als Frau beim gleichgeschlechtlichen Sex schützen kann, wurde nie behandelt. Auch, ob es beim Geschlechtsverkehr zwischen Männern mehr als das Kondom gibt, wurde nie behandelt. Die einzige Möglichkeit sich also zu informieren ist das Internet. So verbreiten sich falsche Fakten und gefährliches Halbwissen. Die Schule kann dem vorbeugen, denn der beste Schutz gegen Krankheiten ist Wissen.

„Unsere Schule ist vielfältig! Wir haben eine gute Schulgemeinschaft!", so oder so ähnlich möchte doch jede Schule von sich reden, doch oft hört diese Aussage schon wieder auf, wenn Minderheiten tatsächlich diskriminiert werden. Worte wie „Schwuchtel" oder „Kampflesbe" sind immer noch typische Beleidigungen, die man auf dem Schulhof hört. Homosexualität wird als Beleidigung genutzt, was sehr verletzend ist und auf Dauer zu Mobbing und anderen Problemen der Geschädigten führen kann. Eine italienische Metastudie aus dem Jahre 2018 zeigt, dass homosexuelle Jugendliche ein bis zu sechsfach höheres Selbstmordrisiko haben, als heterosexuelle Jugendliche. Eine weitere Studie der Yale-Universität legt außerdem dar, dass jeder fünfte Suizidfall der LGBTQ+-Jugend durch Mobbing verursacht wurde. Würde man im Unterricht einfach über LGBTQ+-Themen reden, wäre Homosexualität kein torgeschwiegenes Thema mehr. Viele Jugendliche haben keinen persönlichen Bezug zu Homosexualität, so sind Schwule und Lesben für sie nur aus Medien bekannt, wo sie meist als Pointe genutzt werden. Natürlich lernt man es dann auch nicht anders, als dass Homosexualität etwas Amüsantes ist. Vor allem verletzende Stereotypen und Vorurteile, werden so beigebracht. Mobbing muss vorgebeugt werden, Toleranz gelehrt werden.

Ich hoffe sehr, dass meine Argumente Sie überzeugt haben und Sie sich in Zukunft dafür einsetzen werden, dass Homosexualität in den bayrischen Sexualkundeunterricht aufgenommen wird. Im

Jahre 2021 sollte Homosexualität nicht verschwiegen werden, vor allem nicht im Unterricht.

Vielen Dank, dass Sie sich die Zeit genommen haben, diesen Brief zu lesen.

Mit freundlichen Grüßen
Emelie

7 Beiträge
in der Altersgruppe
15 Jahre

1. Beitrag – 15 Jahre

Heute war mal wieder ein typischer Sommertag. Es war warm und die Sonne schien. Ich mochte diese Sommertage ja gerne, jedoch hatten diese auch einen Nachteil. Wenn ich so wie jetzt durch die Straßen schlenderte, waren schon zu früher Morgenstunde zahlreiche Autos zu sehen. Und das lag nicht daran, dass so viele Einwohner unseres kleinen Dorfes mit dem Auto fuhren, sondern dass so viele Tagestouristen oder Urlauber unser Dorf zu ihrem Ziel auserkoren hatten. Doch heute war es irgendwie anders als sonst. Ich sah lediglich vereinzelt das ein oder andere Auto. Aber das war nur ein winziger Bruchteil des üblichen Verkehrs. Doch ich kam nicht darauf, wieso heute bei diesem super Wetter kein Tourist mit dem Auto des Weges fuhr. Ich hatte kein Problem damit, wenn bei uns mal weniger los war. Die Berge waren ja regelrecht von den Ausflüglern überlaufen. Für die Einwohner im Dorf wären solche Tage wie diese sicherlich eine Erholung. Man stieg dann ja doch weniger auf die Berge im Umfeld oder ging an die Seen, die jedes Wochenende und auch unter der Woche die Top-Ausflugsziele in der Region waren, wenn man sowieso wusste, dass alles überfüllt war und man kaum Ruhe hatte. Jeder wartete immer regelrecht darauf, dass sich etwas daran ändern würde und man ohne jegliche Hast etwas unternehmen könnte. Und jetzt war genau das eingetreten. Aber was hatte dies veranlasst? Ich lief am Rathaus vorbei und ließ meinen Blick schweifen. Dabei fiel mir auf, dass ein Plakat am Rathaus angebracht war. Ich näherte mich dem Gebäude, um die Aufschrift besser entziffern zu können. Verblüfft las ich, was darauf stand: „Erster autofreier Sonntag in ganz Bayern. Ab dem 1. August 2021 an jedem ersten Sonntag im Monat." Deshalb waren kaum Autos unterwegs. Ich war wirklich überrascht. Ich musste mir das Plakat noch mindestens fünf weitere Male durchlesen, um mich zu vergewissern, dass ich nicht träumte. Es bestand kein Zweifel daran, dass heute ein autofreier Sonntag war. Ja, es war die Realität. Ich war mir noch unschlüssig, ob ich diese Entscheidung gut fand oder nicht. Wenn man sich nämlich spontan dazu entschließen würde, einen Ausflug zu machen, wo man mit dem Auto hinfahren möchte, dann müsste man mit den öffentlichen Verkehrsmitteln fahren. Aber das wäre ja eigentlich auch kein Problem. Und auf dem Plakat stand auch noch kleingedruckt, dass Ärzte, Polizisten, Feuerwehrmänner und Leute, die an diesem Tag arbeiten müssen, trotzdem mit dem Auto fahren dürfen. Das war auch gut so. Und wenn weniger Autos fuhren, dann würde sich vielleicht auch der Stickoxidwert in einer Stadt wie München verbessern und die Einheimischen, der sonst von Touristen bevölkerten Dörfer könnten selbst einmal in Ruhe wandern gehen. Ich musste zugeben, dass ich mich wahrscheinlich erst daran gewöhnen werden muss, aber um etwas für das Klima, die Einwohner, die Natur und die Tiere tun zu können, wäre das sicherlich ein kleiner aber doch wichtiger Schritt in die richtige Richtung. Denn wir alle müssen etwas verändern, um den Generationen, die nach uns kommen werden, eine Chance auf ein tolles Leben ermöglichen zu können – mit vielen Tier- und Pflanzenarten und auch schönen Orten, die man zu seiner Heimat erkiesen möchte. Doch wie soll das denn in Zukunft funktionieren, wenn das heimatliche Gefühl, das durch die Häuser geprägt wird, verschwindet, wenn die Baustile der Häuser in einem Ort immer unterschiedlicher werden? Früher glichen sich die Häuser wie ein Ei dem anderen. Doch jetzt gibt es schon so viele Variationen, was allein die Fenster angeht, da braucht man zu den Ähnlichkeiten von Häusern gar nicht viel sagen. Es müsste wieder strengere Regeln geben, was den einheitlicheren und traditionelleren Stil der Häuser anbelangt, denn wenn man immer unterschiedlichere Häuser bauen würde, würde irgendwann der Charme der Häuser und somit dann auch einmal der Charme des Ortes oder der Stadt verloren gehen und das wäre wirklich eine Tragödie. Es müsse ja nicht unbedingt wie früher jedes Haus dem anderen genau gleich sein. Während ich so die Straßen entlangspazierte und mir die Häuser mal im Detail ansah, fielen mir sofort Gemeinsamkeiten und Unterschiede auf. Bei uns in der Region waren Häuser teilweise am First mit Holz verkleidet oder aber auch nicht. Selten erblickte man auch Holzhäuser. Doch das Entscheidende waren immer die Fenster. Mal waren sie eher schmal und länglich, mal waren sie, wie es eher typischer war, eher höher und breiter mit einer, zwei oder teilweise auch gar keiner Sprosse. Die Fenster und deren Anordnung sowie Balkon- oder Terassentüren und deren Gestaltung machten einen großen Teil bei dem äußeren Erscheinungsbild aus. Klar spielten auch Putz und die Farbe der Hauswand sowie die Fensterläden und die Maße des Hauses eine entscheidende Rolle. Als ich weiter zur Kirche ging, fiel mir ein, dass in Italien oder auch schon in einem anderen Landkreis in der Umgebung die Kirchen bereits wieder einen anderen Baustil repräsentierten als diese hier, vor der ich stand. In manchen Landkreisen sah man nur Kirchen mit spitzen Dächern, in unserem Landkreis hingegen strahlte einen ein Zwiebelhelmdach an. Allein schon an dieser Kirche und den Kirchen im Umkreis fiel mir auf, dass jedes Gotteshaus zahlreiche Richtlinien einhalten musste, um in eine Region zu passen. Dies sollte auch für die Häuser gelten. Jedes Haus konnte ja seine eigene Individualität ausstrahlen, doch es sollte viel traditioneller und qualitativ hochwertiger gebaut werden. In der heutigen Zeit wird nämlich vieles darauf ausgerichtet, dass etwas Billiges gekauft wird, was nicht lange hält, um sich dann wieder etwas Neues anschaffen zu können, anstatt von Anfang an zu versuchen, einmal einen hochwertigen Gegenstand wie eine neue Küche zu kaufen als jedes Jahr eine billige Neue. Vor allem sollte man rohstofforientiert handeln und zukunftsorientiert. Es geht nicht immer darum nur beispielsweise Fichten zu pflanzen, weil diese am schnellsten wachsen, besser wäre ein Mischwald. Solch einfache Dinge könnte man mehr berücksichtigen und schon sähe die Welt ganz anders aus – auf jeden Fall bunter.

2. Beitrag – 15 Jahre

21.06.2021;   18:04

Liebes Tagebuch,

heute war ein ereignisreicher Tag, habe verschlafen und fast den Bus verpasst. Dann haben wir in der ersten Stunde in Englisch eine Lernstandserhebung geschrieben. Ich glaube ich habe sie gut gemeistert. Doch es folgen noch drei Stück! Ich hoffe, dass ich nicht zu viel Stress habe, für diese zu lernen. Doch wäre das noch nicht genug, müssen wir in Wirtschaftsinformatik noch ein Extemporale schreiben. Über die Buchhaltung. Die Buchhaltung! Ich versteh nur Bahnhof. :-(

Vor allem Kosten- und Leistungsrechnung verstehe ich überhaupt nicht. Warum ist das alles so kompliziert? Da fällt mir ein, im Homeschooling haben wir einen Film über den Wirtschaftsstandort Deutschland angesehen. Dort meinte der Moderator, ein Grund warum Firmen ins Ausland gehen, wäre der viele „Papierkram". Komplizierte Buchhaltung kann doch nicht die Zukunft sein!

                                                                   18:28

Aus Interesse habe ich die letzten 10min im Internet recherchiert. Man muss nur den Begriff „Buchhaltung" eingeben und es erscheinen ausschließlich Buchaltungstutorials oder Buchhaltungssoftwaren. (Und natürlich die Wikipediaseite :-))

Fazit: Ich bin nicht die Einzige, die Buchhaltung nicht checkt.

Des Weiteren bin ich über den Artikel der „DIGITALEN BUSINESS CLOUD" gestoßen, diese prangern an, dass ⅓ der Deutschen Firmen, die Buchhaltung immer noch manuell macht und somit mit Arbeitszeiten unflexibler ist und nicht gerade nachhaltig handelt[1]. Also ist unser Buchhaltungssystem zukunftsträchtig? Oder nachhaltig? Nein!

Mich beschäftigt dieses Thema zu sehr ich kann nicht schlafen, es muss doch eine Lösung geben. Es gibt doch für alles eine Lösung :-(

41

ICH HABE ES!!!

Eine Buchhaltungssoftware, von der Regierung kostenlos bereit-gestellt! (Jeder mag kostenlose Sachen :-)) Einfach zu bedienen, sodass die älteren Generationen diese auch mit Leichtigkeit meistern können. Auch für die jüngeren Generationen sollte die Software verständlich sein. Denn **jede** Schulart sollte dieses Programm einmal in der Schullaufbahn behandeln.

Dadurch hätten **alle** die gleiche Chance Buchführung zu machen. (So wäre es jedem erleichtert, egal welches Geschlecht, Alter oder Schulbildung, ein Unternehmen zu gründen.) Außerdem rückt der Gedanke des modernen Unternehmens in den Vordergrund, man spart sich Platz (keinen Abstellraum für hunderte von Ordnern), auch kann die Buchhaltungsabteilung flexibler arbeiten, da sie von Zuhause und vom Büro ihrer Arbeit nachgehen kann.

Jetzt ist es schon ziemlich spät, ich hoffe ich schlafe morgen in der Schule nicht ein. :-(

23:59

Trotzdem bin ich froh, dass ich jetzt eine Lösung habe und beruhigt schlafen kann. Denn durch diese Software würde Nachhaltigkeit, Gleichberechtigung und Modernität selbst in die letzten Unternehmen Deutschlands einziehen. Die Zukunft ist jetzt!

Gute Nacht Marie

---

1 www.digitalbusiness-cloud.de

3. Beitrag – 15 Jahre

Heute ist der 26.06.2021 18 Uhr

Heute hatten wir in der Schule wieder einmal Kunstunterricht. Wie immer war ich nicht so motiviert wie alle anderen, wie denn auch? Ich habe einfach kein Talent für so etwas. Unsere Kunstlehrerin Frau Schwarz ist immer so begeistert von den Kunstwerken anderer in der Klasse und bei mir... bei mir ist alles immer „mager" oder ich sollte mich ja mal mehr für dieses Fach einsetzen.

Ich stelle mir immer vor, wie es wäre, wenn wir von der fünften Klasse an entscheiden dürften, ob wir Kunst, Musik oder auch Sport wählen wollen, um nur dieses Nebenfach zu haben. Dadurch kann jeder seine Stärke und seine Kreativität in diesem Bereich beweisen. Schließlich ist das sehr wichtig, eventuell könnte man dies auch in anderen Fächer einbringen zum Beispiel Mathe oder Deutsch. Jeder hat sein Ziel nach der Schule, und jeder hat auch seine Stärken. Es ist klar, dass man seine Ziele so gut, wie es geht, erreichen will und man kann durch genau diese Änderung das Selbstbewusstsein und die Motivation dazu stärken. Man geht daher nicht ständig auf seine Fehler ein, sondern man wird stärker und die Niederlagen werden zu Erfolgen, um aus Dingen zu lernen.

Sehr lange war ich am Überlegen, dieses Thema in der Schule anzusprechen und es einzuleiten. Mit meinen Freunden habe ich oft darüber geredet. Sie meinen, es sei eine sehr gute Idee und zugleich auch für alle eine Bereicherung. Also habe ich gestern angefangen, einen Brief an das Ministerium zu schreiben um mir und anderen, diesen Wunsch wahr werden zu lassen (natürlich mit etwas Glück). Da wir auch gleichzeitig an der Schule einen Wettbewerb haben, in dem der Fokus darauf liegt, etwas zu sagen, was man will, habe ich eine umso größere Chance, gehört zu werden. Ich kann es kaum erwarten, den Brief fertigzustellen und ihn abzugeben.

Etwas Angst habe ich, aber dafür fühle ich mich gut und mutig, dass ich mich getraut habe, diesen Schritt zu wagen...
Ende des Eintrags, 19:18 Uhr

4. Beitrag – 15 Jahre

Initiative Werterhalt & Weitergabe e. V.
Maximilianstraße 2
80539 München

Großlangheim, 27.06.2021

Sehr geehrtes Initiative Werterhalt & Weitergabe e. V. Team,
Stellungnahme zu dem Artikel „Feminismus macht Männer besser"

Hiermit möchte ich mich zum Artikel „Feminismus macht Männer besser" vom 19.05.2020 äußern, in dem die Probleme eines getrennten Vaters veranschaulicht werden sollen. Er schilderte die Probleme, die durch die typischen männlichen und weiblichen Rollenbilder entstehen. Ich möchte mich zu diesem Artikel äußern, da Sexismus ein Thema ist, das definitiv aktuell und zukunftsrelevant ist.

Der Mann geht seinen Weg nun schon seit sechs Jahren als alleinerziehender Vater. Seine Frau beschloss mit dem Richter zusammen, dass die Kinder nur jedes zweite Wochenende zu ihrem Vater dürfen, da sie sich in die Rolle der aufopferungsvollen Mutter begeben hatte. Er kämpfte allerdings nicht für mehr Zeit mit den Kindern, dies stört mich sehr. Er erläuterte dies so: „Ich lernte als Kind, mir Dinge von Frauen abnehmen zu lassen, deswegen erfüllten wir die typischen Geschlechterrollen." Das zeigt mir, dass dies eindeutig ein Fehler in seiner Erziehung war. Die nächste Generation sollte dieses Problem auf jeden Fall beheben.

Erziehung ist hier also ein großes Thema. Ihnen kommen bestimmt die Sätze „Ein wahrer RITTER kennt kein Schmerz." und „Das gehört sich nicht als MÄDCHEN." bekannt vor. Mit diesen Sätzen steckt man Kinder sofort in ihre typischen Geschlechterrollen. In dem Artikel erzählt der Autor, wie er Rat bei einer Feministin suchte. Allerdings bezeichnete sie ihn als cis-männlich. Er erklärt den Begriff in seinem Artikel so: „„Cisgender" bedeutet, dass die Geschlechtsidentität mit dem bei der Geburt zugewiesenen übereinstimmt. Ich lernte aber, dass der Begriff in sozialen Medien kampfrhetorisch auch für „rollenkonform" oder „Macho" verwendet wird." Der Autor begriff schließlich, warum sie ihn als „Macho" betitelte.

Gleichberechtigung und Gerechtigkeit sollten eine Selbstverständlichkeit sein. Da der Autor zu dem Zeitpunkt erwartet hatte, dass sie sich freuen würde und Dankbarkeit zeigt, dass ein „Mann" sich dafür einsetzen möchte, bezeichnete sie ihn als cis-männlich bzw. „Macho".

Sexismus und Homophobie liegen nah beieinander. In dem Artikel benutzt der Autor ein Beispiel: wenn ein Mann Ballett tanzen möchte, wird er oft als „schwul" betitelt. Diese Aussage kann ich nur bezeugen, bei vielen Jungs kommt es mir so vor, als wären sie gegen Ballett tanzen. In Wirklichkeit jedoch sagen sie dies, weil sie Angst haben, als schwul bezeichnet zu werden. Männer oder Jungs, die schwul sind, werden oft als Klischee gesehen und viele erwarten von ihnen, dass sie von der Gesellschaft als weiblich angesehene Aktivitäten ausleben. Wie zum Beispiel den Balletttanz oder die Leidenschaft sich zu schminken. Es sollte in Zukunft mehr normalisiert werden, das Schwule nicht zwingend derartige Aktivitäten ausleben müssen. Ebenfalls sollte es in naher Zukunft kein Thema mehr sein, dass heterosexuelle Männer sich „weiblichen" Aktivitäten hingeben.

Der Artikel ist gelungen, man bekommt eine Sicht in die sexistische Welt der Männer und nicht, wie üblich, aus der Sicht einer Frau. Ich hoffe, dass viele Männer sich ein Beispiel an dem Autor nehmen und mithelfen, die Welt von den sexistischen Rollenbildern zu befreien. Ich hoffe ebenfalls, dass viele Eltern sich davon inspirieren lassen und ihre Kinder nicht in die typischen Rollenbilder hinein erziehen.

Die PERFEKTE Zukunft wird es nie geben. Es werden immer gesellschaftliche Regeln und Probleme bestehen, jedoch müssen wir für eine bessere Zukunft kämpfen. Kämpfen wir für eine Zukunft, in der wir lernen nicht jeden zu verurteilen! Kämpfen wir für eine Zukunft, in der wir Menschen nicht in Schubladen stecken!

Kämpfen wir für eine Zukunft, in der wir jungen Menschen ermöglichen, sich frei zu entfalten, sich auszuprobieren, Erfahrungen zu sammeln und Fehler zu machen!

Kämpfen wir gemeinsam für eine Zukunft, in der jeder sein Leben nach seinen Vorstellungen gestalten darf.

Mit freundlichen Grüßen
Viona

5. Beitrag – 15 Jahre

Die Frage, die sich jeder stellt: Warum?

Umweltschutz:
Wir leben in einem gefährlichen Zeitalter. Der Mensch beherrscht die Natur, bevor er gelernt hat, sich selbst zu beherrschen. – Unbekannt.

Der Umweltschutz, meistens ein schwieriges Thema.
Warum?
    Viele Menschen, die gerne etwas für den Umweltschutz machen möchten, wissen so gar nicht wo sie anfangen können. Eine Weile machen sie es auch, doch dann fällt man wieder in alte Gewohnheiten zurück und der Umweltschutz, den man zuvor im Kopf hatte, ist wie weggeblasen. Deswegen ist es mir wichtig zu sagen, dass man als erstes mit kleineren Dingen anfängt, um die Natur dort draußen zu schützen. Die Natur und ihre Tiere waren zuerst auf der Welt und nicht wir. Ich habe mit Müll trennen angefangen. Es ist leicht die Plastiktüte einfach nicht in die Biotonne zu werfen, doch für so manche ist es ein riesiger Zeitaufwand, deswegen achten sie nicht darauf. Doch wisst ihr denn gar nicht, wie ihr durch diese noch so kleine Handlung Tiere vor dem Aussterben rettet?
    Ich fahre mit dem Fahrrad zur Schule.
Warum?
    Wenn ich mit dem Fahrrad auch bei schlechtem Wetter zur Schule fahre, verschmutze ich nicht die Luft und trainiere nebenbei meinen Körper. Denn Autofahren, Busfahren und Zugfahren etc. alle verschmutzen die Luft wegen der Abgase. Und wenn ich ehrlich bin, mit dem Fahrrad geht es meistens schneller, als mit dem Auto, denn du weißt nie, wann Stau ist. Was mich dazu bewegt hat darüber nachzudenken? Ganz einfach, wenn wir etwas mehr auf unsere Zukunft und auch auf unsere Gesundheit achten, dann geht es jedem wieder gut. Nicht nur uns, sondern auch den Tieren. Denn diese sind, was wir Menschen machen, egal ob wir

den Regenwald abholzen oder unser Land erweitern möchten, vom Aussterben bedroht. Der Regenwald wird abgeholzt und viele Tiere verlieren ihr Zuhause.

Welche Werte sind für mich wichtig? Freiheit. Verantwortung. Anerkennung und Kreativität. Freiheit für die Tiere und für die Menschen, die nichts für ihre Hautfarbe können. Dafür muss in der Gesellschaft ein Bewusstsein geschaffen sein, dass alle Menschen gleich sind und sich die Gesellschaft aus vielen Individuen zusammensetzt. Wir brauchen alle einander, um eine starke Gesellschaft sein zu können. Als starke Gemeinschaft sollten wir auch jede Meinung akzeptieren. Verantwortung: Sei du selbst die Veränderung, die du dir wünscht für diese Welt. Kreativität: In der Umwelt gibt es vieles für die Kreativität. Zum Beispiel kann man aus Plastikflaschen eine Glühbirne bauen, einen Stiftehalter oder einen Blumentopf. Somit hast du es recycelt. Auch kannst du ein leeres Erdbeerglas mit Erde befüllen und dort den Kern eines Apfels oder eines Pfirsichs einpflanzen. So musst du keine Plastikbehälter mehr kaufen.

Black Lives Matter:
Warum genau dieses Thema, obwohl doch noch so viel mehr Themen zur Auswahl gestellt waren?
Ganz einfach. Ich finde, es beschäftigen sich zu wenige damit. Rassismus ist real. Er ist ernst und lässt sich nicht ignorieren. Rassisten diskriminieren, verfolgen und töten andere Menschen aufgrund ihrer Hautfarbe, ihrer Herkunft, ihres „Andersseins". Doch diese haben auch Gefühle, so wie wir. Es ist mir wichtig, zu verstehen, dass wir „Weißen" nicht über die Welt herrschen und es ist wichtig, dass sie verstehen, dass sie genauso sind wie wir und man ihnen eine Chance geben sollte fürs Leben. Ich will, dass sie frei leben können, so wie wir und ich möchte, dass sie akzeptiert werden.

Mir ist wichtig, dass jeder alle Hautfarben, Religionen und Sexualitäten anerkennt. Wir alle sind Menschen. Wir alle sind gleichwertig und die Vielfalt soll geschätzt werden. Es werden wahrscheinlich noch viele dagegen sein, wenn man eine Demokratie anzettelt, in der es „Kein Rassismus" heißt. Aber einen Versuch ist es wert.

Wir Menschen machen Fehler, aber das macht uns nicht gleich zu etwas Schlechtem, denn wir sind von Anfang an nicht perfekt. Wir sind nicht in allem der Profi und auch nicht hochbegabt, sondern wir haben auch unsere Schwächen. Auch wenn sie klein oder groß sind. Das zeigt uns, dass wir noch Menschen sind.

Ich möchte in der Zukunft in Frieden leben, ohne Krieg und ohne Rassismus.

6. Beitrag – 15 Jahre

„Wir sind"

Du bist.
Ich bin.
Wir sind.
Wir alle wertvoll, wir alle sinnvoll.
Jeder einzelne für sich, unentbehrlich, wundervoll. Keiner weniger
und niemand mehr.
Einzigartig, unvergleichlich.
So gleich und doch so verschieden.

Ja, so viel Liebe könnten wir uns gegenseitig schenken, an all die
wundervollen Dinge denken, diese vielen Wunder in uns sehen
und endlich anfangen zusammen aufzustehen.
Denn so unglaublich vieles könnten wir gemeinsam schaffen.
Doch dafür müssen wir erst einmal aufhören uns zu hassen.
Leider scheitert es schon an den leichtesten Dingen und sogar ur-
teilsfreie Begegnungen kriegen nur die wenigsten hin...

Ich seh' dich. Doch siehst du auch mich?
Siehst du MICH wirklich? Oder siehst du nur die Farbe in die du
mich schon zu Beginn hineingedacht hast?
Willst du mich kennenlernen oder reicht dir deine selbst
konstruierte Beschreibung von mir, die sich beim Platzieren in der
Schublade ergeben hat?
Glaub mir, du würdest überrascht sein! Sicher würdest du das.

Denn viel mehr war und bin ich ich. Genau wie du, schon immer du.
Ja und das würde ich auch gerne bleiben. Das würd' ich gerne wieder
sein.
Ohne Farbe, ohne Form, ohne Regel und Gesetz.
Kein Bild in das ich passen muss, kein Schrankregisternetz. Wir
sind.

Sicherlich ganz anders als wir anfangs scheinen. Sicher nicht die, die du dachtest, dass wir seien. Gewiss jeder mit bestimmter Ähnlichkeit, aber hundert pro nie gleich.

Warum sperrst du uns also in eine Schublade ein? Warum lässt du uns nicht vorführen hier im Freien?
Würdest DU etwa gerne erdrückt werden, in Schubladen die fast überquellen? In Fächern die deine Person total verfehlen?
Alles Oberflächliche ins Rampenlicht rücken.
Dein Bild verzerren und alles an dir mit Staub bestücken?
Ich frag mich.
Wer wären wir wohl geworden, wenn wir jetzt nicht wären, wo wir sind. Und zu welcher Zeit würden wir jetzt stehen?
Hätten wir dann endlich aufgehört alles und jeden Pink oder Blau, Schwarz oder Weiß zu färben?
Hätten wir begonnen die Wand an Vorurteilen zu übersteigen um dahinter Geschichten, Seelen, einzigartige Personen zu entdecken?

Hinter all den Hüllen, die uns umgeben, welche wir als Formen, Größen, Farben, Ecken, Kanten identifizieren, liegen unzählige von Seelen begraben, doch nur so wenige können sie sehen.
Was uns interessiert ist das Drumherum, der Körper der eigentlich bestimmt ist uns zu tragen, zu umgeben und zu schützen.
Wegen dieser Hülle, diesen Äußerlichkeiten, die uns zu so vielen Dingen verleiten, schlagen Menschen sich die Köpfe ein, haben manche kein Daheim, werden verfolgt, missbraucht, verachtet, wollen nicht mehr in diesem Leben sein.
Und das alles, obwohl früher oder später nichts mehr von diesem Körper übrigbleibt.

Wir sehen doch nur was wir erwarten zu sehen . Wir reden so viel, doch hören uns nicht zu.
Wir schauen, sehen und ordnen ein, jeder bekommt seine Schublade im Zimmer voller Schränke zugeteilt. Es spielt keine Rolle ob Fremder ob Freund. Du brauchst ein Plätzchen dort!

Es ist so vieles vergänglich, sag mir was bleibt?
Was bleibt bis in Ewigkeit?
Der Körper, der gerade unsere Seele vertritt ist nicht was besteht.
Weshalb also so viel Wertigkeit auf dem, was vergeht?

Ich wünsche mir Ohren, die hören und Augen, die sehen und zwar
nicht was sie wollen, sondern das was besteht. Ich wünsche mir of-
fene Herzen. Keinen wertenden Blick. Unsre Welt ist so kaputt also
ziehen wir doch alle an einem Strick. Hören wir auf uns zu hassen,
das wäre ein so wundervoller Schritt.
Hören wir auf zu beurteilen. Lassen wir das Behaupten sein. Fan-
gen wir an zu kommunizieren und geben jedem die Chance sein
Ich auch zu zeigen, alte Fehler zu verzeihen. Ich wünsche mir
Freude und eine nettere Welt.
Ich wünsche mir Liebe und mehr Akzeptanz.
Ich wünsche mir, dass du und du und ich wieder werden zu 'nem
Wir.

7. Beitrag – 15 Jahre

Nachricht:

Ich würde mir wünschen zu gewinnen und, dass jemand meinen Text liest, da ich meinen Punkt wirklich wichtig finde und es mehreren so geht. Da das Hochladen des Textes nicht funktioniert werde ich ihn hier mit rein schicken:

Was ich mir für die Zukunft wünschen würde

Ich würde mir wünschen, dass Schulnoten bei der Jobvergabe nicht mehr so wichtig sind. Da ich, wenn ich alt genug bin später Psychologin werden will aber nicht sonderlich gut in der Schule bin, fände ich das sehr gut. In der Schule bin ich zwar schlecht, aber ich kann relativ gut mit Menschen und Kindern umgehen, aber heutzutage geht es immer nur um Noten was ich wirklich schade finde, da gar nicht mehr auf die eigentlich wichtigen Sachen geachtet wird. So ergeht es vielen Leuten. Sie können zum Beispiel ihren Traumberuf nicht ausüben, weil sie zu schlechte Noten haben, und deshalb nicht genommen werden. Wenn man zum Beispiel Arzt werden will, aber in einer Fremdsprache wie Französisch oder Latein usw. versagt hat, dann zieht das den ganzen Schnitt runter und die Chancen, Arzt zu werden sind nur noch sehr gering. Daher finde ich es nicht gut, wenn jeder auf die Noten und nicht mehr auf die Persönlichkeit schaut. Es gibt natürlich auch ein paar Schulen, welche in den ersten Klassen keine Noten geben, aber wenn diese Leute dann Abitur haben kriegen sie trotzdem Noten, auf die dann bei der Jobsuche wieder geschaut wird. Demnach gibt es keine Schule, in der man keine Noten bekommt.

Grundsätzlich habe ich auch nichts gegen Noten, um zu sehen wie weit man hinten liegt oder welchen Stoff man noch wiederholen sollte, aber, dass dann bei der Jobvergabe so darauf geachtet wird finde ich sehr traurig. Es könnte ja auch sein, dass die/manche Schüler den Stoff können nur dann ein Blackout kriegen, weil sie Panik kriegen, aber das hat nichts damit zu tun wie intelligent eine

Person ist. Doch trotzdem werden die Noten angeschaut und gesagt: „Aha, die hier hat nicht so gute Noten, diese hier aber schon also nehmen wir lieber die zweite." Das finde ich sehr traurig für die Personen, die wahrscheinlich auch das Potential gehabt hätten, aber wegen ihrer Schulleistungen nicht genommen wurden. Daher finde ich, dass diese Leute weniger auf Noten, sondern mehr auf die Personen selber achten sollten.

7 Beiträge in der Altersgruppe 16 Jahre

1. Beitrag – 16 Jahre

Alte Schule rostet nicht?

„Bildung ist das, was übrig bleibt, wenn alles Gelernte wieder vergessen ist.", ein Zitat von Georg Kerschensteiner, was in unsere Zeit passt wie kein zweites. Bildung ist etwas so Essentielles für uns Jugendliche und unsere Zukunft. Wir, und vor allem unsere Gesellschaft im Allgemeinen, entwickelt sich so rasant in eine Richtung, welche für uns schwer zu prognostizieren ist. Was wir jedoch wissen ist, dass unser Bildungssystem, zumindest in Teilen, nicht mehr zeitgemäß ist. Wir reden dabei schon lange nicht mehr von Digitalisierung oder desolaten Schulgebäuden, sondern viel mehr von Methodik und Didaktik, also wie uns Schülern Dinge beigebracht werden oder eben nicht. Sinngemäß bedeutet das, dass wir als betroffene Schüler gerne Veränderung sehen würden, die uns wirklich adäquat hilft und jene Probleme löst, über welche wir ewig diskutieren.

Die Erwartungen, welche ich persönlich und viele meiner Artgenossen haben, sind groß, jedoch nicht unerfüllbar. Was konkret gefordert wird ist von Philosophen wie Richard David Precht in unzähligen Vorträgen und Büchern wie: „Anna, die Schule und der liebe Gott", beschrieben und somit kann man eben nicht behaupten, dass es die Stimme nach Veränderung nicht gäbe. Geschweige denn, dass die Forderungen nicht klar definiert seien.

Dass Handlungsbedarf besteht zeigt sich aber nicht nur darin, dass brillante Philosophen sämtliche Defizite eines über Jahre hinweg vegetierten System aufzeigen, sondern eben auch in rein empirisch belegten Fakten. Eine Befragung der Leuphana Universität Lüneburg an 6000 Schülerinnen und Schülern aus sieben verschiedenen Bundesländern zeigt, dass mittlerweile fast jeder dritte Jugendliche zwischen 11 und 18 Jahren von Depressionen betroffen ist. Angespannte Stimmung im Klassenzimmer, Stress im

Alltag und Unverständnis seitens der Lehrer sind Aussagen, welchen immer mehr Betroffene zustimmen würden. Wo diese Depressionen jedoch herkommen, zeigt sich erst, wenn man einen genaueren Blick in den Schulalltag wirft, denn es sind mehrere Umstände, die dazu führen.

Stress ist ein Attribut, welches ich dem Wort Schule, ohne zu zögern anfügen würde. Militärisch geordnete Reihen im Frontalunterricht, getaktete 45 Minuten Unterrichtseinheiten unter der ständigen Belastung durch unnötig strenge Lehrer und Notengebung, welche über die gesamte Zukunft eines Menschen entscheiden kann. Jugendliche, deren Biorhythmus durch die Pubertät verschoben ist, müssen Leistung erbringen, wenn sie körperlich noch nicht dazu in der Lage sind und Idealen gerecht werden, die einer Zeit entsprechen, die lang vergangen ist. Es ist eben nicht mehr so, dass wir Bürger brauchen, die immerzu die gleiche Arbeit verrichten müssen, sondern logische Zusammenhänge verstehen und Probleme erkennen und aus der Welt schaffen. Herr Precht spricht in diesem Zusammenhang häufig von dem „quartären Wirtschaftssektor", welcher sich in Zukunft entwickelt und betont, dass viele Berufe die uns erwarten, besonders auch wegen immer intelligenter werdenden Maschinen, noch nicht existieren. Somit brauchen wir anstatt der unterdrückten und gestressten Schüler, welche wir im geltenden System züchten, freie und mündige Heranwachsende, welche ihre eigene Meinung bilden können und diese selbstbewusst und fair vertreten. Ich möchte nicht bestreiten, dass es auch viele junge Menschen gibt, die an Bildung, vor allem im politischen und gesellschaftlichen Bereich, kein großes Interesse zeigen, was somit leicht zu Frustration führen könnte. Man könnte doch wiederum argumentieren, dass Lehrer neben Empathie eben auch Muse als Charaktereigenschaft entwickeln müssen. Man darf die Schüler nur metaphorisch am Unterricht fesseln und nicht mit einer stumpfen Pflicht zum Unterricht zwingen.

Es ist somit also offensichtlich, dass Reformen hermüssen, die unsere Lehranstalten von Grund auf ändern. Länder wie Finnland, Reformpädagogen wie Maria Montessori oder Rudolf Steiner, Pädagogen wie Georg Kerschensteiner und auch Philosophen, wie eben Precht, geben nicht nur ein gutes Beispiel, welches genau so umgesetzt werden muss, sondern Ansätze, welche je nach Machbarkeit und Möglichkeit in unser System eingegliedert werden können. Dafür braucht es jedoch die Bereitschaft von allen Seiten. Eltern, Lehrer, Schüler und auch das Kultusministerium müssen bereit sein, sich für Veränderungen auszusprechen und diese zu akzeptieren. Und das geht nur zusammen.

2. Beitrag – 16 Jahre

Tagebucheintrag vom 26.06.2021

Hiiii,

Heute in Geographie haben wir über die Globalisierung gesprochen, also darüber, dass sich die Welt in den letzten Jahren so schnell in sozialer, wirtschaftlicher oder auch politischer Hinsicht verändert beziehungsweise vernetzt hat. In einem Film wurde uns gezeigt, dass wir in Deutschland davon, zumindest im wirtschaftlichen Bereich, sehr profitiert haben, genauso wie die USA, China und viele andere Länder. Allerdings werden dabei Natur und mindestens genauso viele Menschen extrem ausgebeutet und zerstört. Ich finde es einfach so heftig, dass wir hier sitzen, in den Supermarkt gehen und kaufen könnten, was wir wollen (also bis zu einer bestimmten Grenze). Jedenfalls ist das sehr unfair, aber ich glaube das ist hoffentlich den meisten hier bewusst und ich versuche auf jeden Fall, es auch wertzuschätzen, dass es mir so gut geht. Aber teilweise finde ich es so schwierig, weil die Leute, die beispielsweise in Afrika durch Austrocknung ihrer Böden ihre Lebensgrundlagen verlieren, so weit entfernt sind und ich kann es mir einfach überhaupt nicht vorstellen oder mir so wirklich bewusst machen. Ich will unbedingt später irgendwo in ein Entwicklungsland, um da zu helfen (zum Beispiel beim Unterrichten in Schulen; umsonst natürlich), falls ich es kann und mir einfach mal ein Bild davon zu machen, weil sonst habe ich auch einfach nicht genug Motivation, um mein Kaufverhalten oder sonst was zu verändern. Generell, ich fände es so wichtig, dass man in der Schule besser darüber informiert werden würde, weil klar, ab und zu schaut man Filme darüber, dass es anderen Leuten wegen uns richtig schlecht geht und man hört es oft in den Nachrichten. Aber ich habe den Eindruck, dass immer nur so an der Oberfläche gekratzt wird, da es sonst zu anstrengend und vielleicht auch zu realistisch wird, und sich zu wenige wirklich dafür einsetzen. Es kann gut sein, dass ich einfach noch nicht so viele verschiedene Personen getroffen habe und ich mein, ich mach ja auch nichts für Menschen, denen es wegen mir schlecht geht, aber genau deshalb glaube ich, dass es so wichtig wäre, dass man in der Schule da noch genauer „aufgeklärt" werden würde und vor allem – was ich am allerwichtigsten finde – dass einem auch gezeigt wird, wie man am besten helfen kann. Und damit meine ich nicht: ja, iss kein Fleisch, flieg nicht mit dem Flugzeug, kauf Bio und keine billige Kleidung oder so, weil das nimmt man sich kurz zu Herzen und bei den meisten, die ich kenne, ist das spätestens nach zwei Tagen wieder vergessen (ich will damit nicht sagen, dass man kein Bio kaufen soll oder so, das sollte man auf jeden Fall, aber irgendwie reicht das halt einfach nicht). Stattdessen wären Projekte gut, bei denen man sich aktiv gegen Klimawandel oder soziale Ungerechtigkeit einsetzt. Wie wenn man sich zum Beispiel (wäre jetzt auch noch eine eher kleinere Aktion) als Klasse oder als Wahlkurs darüber Gedanken macht, wie man dafür sorgen könnte, dass die Qualität des Mensaessens biologischer und gesünder wird, sodass Schüler daran gewöhnt werden, hochwertigeres Essen zu kaufen.

Ah genau, und die andere Sache, die mir auch aufgefallen ist, ist, dass ich glaube, dass in der Schule teilweise die falschen Werte vermittelt werden. Es hat auch etwas mit Globalisierung zu tun und ich will auch gar nicht sagen, dass es schon mal besser war, aber vielleicht könnte es ja besser werden. Also unsere Gesellschaft ist so darauf fokussiert Leistung zu bringen und das fängt schon in der Schule an. Man soll immer gute Noten schreiben, damit man eine gute Arbeit findet, gut Geld verdienen kann und letztendlich die deutsche Wirtschaft voranbringen kann (so war es eigentlich auch schon immer). Und das ist ja grundsätzlich auch gut so, es ist ja logisch, dass die Menschen Geld verdienen sollen und wollen, allerdings frage ich mich manchmal, ob das nicht ein bisschen zu wichtig genommen wird. Gerade heutzutage geht es ja viel um Selbstfindung und Work-Life-Balance, also darum, dass man mit sich selbst zufrieden ist und sich nach der Arbeit auch genügend Pause gönnt. Aber trotzdem hat man, sobald man mal eine Stunde nichts tut, sofort das Gefühl unproduktiv zu sein und seine Zeit verschwendet zu haben. Darum denke ich, dass es einem bis zu einem bestimmten

Punkt manchmal egal sein sollte, ob man jetzt super produktiv ist oder ob man jetzt lieber das gemacht hätte, worauf man Lust hatte. Denn, und darauf wollte ich eigentlich hinaus, zum Schluss (eigentlich richtig klischeehaft) kannst du reich sein, wie du willst und das Land kann die beste Wirtschaft der Welt haben, aber wenn das heißt, dass man nur auf Leistung getrimmt wird und keinen Spaß mehr an nichts hat, dann könnte man genauso gut arm sein. So ist es aus meiner Sicht auch mit China. Da war in den letzten Jahrzehnten so ein Wirtschaftsaufschwung und ja, unzählige Leute sind von der Hungersnot weggekommen, aber trotzdem arbeiten sie die ganze Zeit, um die Wirtschaft voranzubringen, weil der Staat das so vorschreibt. Dabei ist es halt einfach wichtig glücklich und zufrieden zu sein, dann ist man, denke ich, auch viel genügsamer, mit weniger zufrieden und alleine dadurch macht man sich selber und auch seinen Mitmenschen ein besseres Leben.

Sich intensiver mit den ernsten Problemen von Menschen zu befassen, die es erheblich schlechter haben als wir und auch zu lernen, wie man sich dafür am besten einsetzen kann, auf der anderen Seite jedoch auch zu lernen, wie man selbst am glücklichsten wird, egal ob man wirtschaftlich gesehen besonders gewinnbringend ist oder nicht. All das ist für mich sehr wichtig und ich fände es so gut, wenn man damit in der Schule mehr konfrontiert werden würde. Denn was man dort lernt, prägt einen für das ganze Leben.

Natürlich haben auch viele Personen andere Meinungen dazu und das ist okay, aber ich glaube es ist einfach nötig sich damit auseinanderzusetzten, welche Werte und Ziele man SchülerInnen beibringt und mit auf den Weg gibt, da das ganze Generationen formt und ich glaube, manchmal vergisst man, wie viel Macht die Schule doch auf das ganze Leben jedes einzelnen Menschen (direkt oder indirekt) hat.

Also das war ganz schön viel für heute, aber ist gut, es ist wichtig sich Gedanken zu machen und darüber zu schreiben oder zu diskutieren, weil nur so entstehen neue Ideen und Veränderungen. Also, hab dich lieb, schlaf gut

Lilia

3. Beitrag – 16 Jahre

Was wir morgen von heute gelernt haben könnten

Ich steige aus dem SolarTrain und atme einmal tief durch. Ich mag den Geruch von Bahnhöfen, diese Mischung aus frischem Gebäck, Pommes und Zugbremsen. Auf dem Weg nach draußen bemerke ich einen großen Bildschirm, auf dem gerade für eine neu entstandene solidarische Landwirtschaft geworben wird, einen kleinen landwirtschaftlichen Betrieb, den mehrere Mitglieder finanziell und mit persönlicher Arbeitsleistung unterstützen. Dafür bekommen sie monatlich einen Anteil der Ernte sowie der weiterverarbeiteten Erzeugnisse geliefert. Auf der Anzeigetafel hält ein braun gebrannter Junge den Vorbeigehenden stolz eine Karotte entgegen, darunter steht in leuchtenden Buchstaben: „Gemeinsam für eine Landwirtschaft mit Zukunft!". Bei dem Elan des Jungen muss ich unwillkürlich lächeln. Er erinnert mich an meinen Nachbarsjungen Tarek, der genauso begeistert war, als er das erste Mal ein Zucchino erntete. Kopfschüttelnd gehe ich weiter. Es wundert mich, dass sie immer noch so viel Werbung für Solawis machen, wo doch heutzutage fast jeder Mitglied einer solchen Vereinigung ist.

Als ich das Bahnhofsgebäude verlasse, werde ich fast von einem Fahrrad überfahren. Der Typ kann gerade noch abbremsen. Bei genauerem Hinsehen erkenne ich, dass es sich bei seinem Gefährt um ein SolarBike handelt. „Pass doch auf, wo du hingehst!", schnauzt er, bevor er mit enormer Beschleunigung davonbraust. Scheinbar handelt es sich bei seinem Rad um das neueste Modell, bei dem Treten im Prinzip nur noch den Motor auslöst, aber sonst überflüssig ist. Er tritt natürlich trotzdem, um sportlich auszusehen. Dabei hat er seine Muskeln vermutlich vom Training in einer der kostenlosen Fitnessanlagen, die in jedem Park zu finden sind. Ich schließe mein eigenes Rad auf, das sich richtig retro ohne Motor fahren lässt, und gebe Acht, nicht von einem SolarTruck mitgenommen zu werden. Offiziell sollten diese autonom fahrenden Busse Fußgänger und Radfahrer zwar erkennen, aber sicher kann man sich da nie sein. Der Verkehr ist ruhig, wie eigentlich immer, seit die Stadt auf solarbetriebenen Nahverkehr umgestellt, die Anzahl der Transporter erhöht und den Ticketpreis gesenkt hat. Finanziert wurden die SolarTrucks ebenso wie die Züge von den neuen CO_2- und Umweltsteuern sowie einer „Sondersteuer zur Entschädigung der Allgemeinheit für unverantwortliche Belastung der Umwelt", die zu diesem Zweck für Unternehmen erhoben wurde. Dank der Tatsache, dass die SolarTrucks autonom fahren, sind Busfahrer überflüssig geworden. Die meisten der ehemaligen Fahrer arbeiten nun als Truckbegleiter, sie sorgen also dafür, dass jeder ein Ticket hat und sich während der Fahrt angemessen verhält. Außerdem können sie im Notfall in das Verkehrsgeschehen eingreifen, zum Beispiel bei einem technischen Defekt oder einem noch unerkannten Unfall. Der Rest von ihnen hat einen Job als „Verkehrslotse" angeboten bekommen, die all jenen, die sich in der Stadt nicht so gut auskennen, als lebender Stadtplan zur Verfügung stehen und die persönliche Sicherheit garantieren. So greifen sie auch ein, wenn jemand öffentlich belästigt wird.

Plötzlich bricht vor mir Geschrei aus, scheinbar hat der SolarBiker, der mich gerade fast umgefahren hätte, einer etwas älteren Fahrradfahrerin die Vorfahrt genommen. „Nein, diese Jugend von heute!", schimpft sie. Und dann lässt sie einen Schwall unschöner Beleidigungen auf ihr Opfer los. Nicht gut für sie, da die meisten dieser Beschimpfungen heute nicht mehr erwünscht sind und allgemein als Zeichen für Gewaltbereitschaft gesehen werden. Der nächststehende Lotse kommt auf die Dame zu und versucht, sie zu beschwichtigen, um daraufhin den Konflikt zu lösen. Aufgrund ihres Alters wird sie mit einer Verwarnung davonkommen, andere hätten es da schon schwerer gehabt. Kurz nachdem ich in eine Nebenstraße eingebogen bin, fällt direkt neben mir eine Tomate zu Boden, sie hat mich nur um Haaresbreite verfehlt. Als ich nach oben blicke, winkt mir ein Mann um die 60 von seinem Balkon aus zu, in der anderen Hand hält er eine Gartenschere. Offensichtlich ist er gerade dabei, seinen Teil des Gemüses, das an den meisten Wohnhäusern wächst, zu ernten. Die Idee der Umweltpartei, an den Fassaden der Stadthäuser Kletterhilfen anzubringen und einen vertikalen Garten zu pflanzen, hat sich genauso gut ausgezahlt wie die Zweinutzungstierhaltung. Neben den Solawis sind die eigenen Gärten die Hauptnahrungsquelle für die meisten heutzutage.

Am Ende der Gasse sehe ich bereits den Fluss glitzern, ich kann das Lachen der Kinder, die darin baden, bis hierher hören. Auch das war ein Vorschlag, den die Umweltpartei im Bundestag durchsetzen konnte: Alle eigenen Pools und die kleineren Freibäder abschaffen, dafür an Flüssen und Seen öffentliche Badestellen einrichten. Selbstverständlich gibt es auch hier Bademeister, ebenso wie ein paar Verkehrslotsen, die jetzt aber für die Einhaltung von Umweltvorschriften statt für die der StVO sorgen.

Nachdem ich noch eine Weile den Fluss entlang geradelt bin, biege ich erneut in ein Wohnviertel ein, diesmal mein eigenes. Die Wohnanlagen sind große Grünflächen mit fünf bis zehn Häusern pro Viertel. Ein Haus hat sechs Stockwerke und ist in vier Einheiten unterteilt, wobei in einer Wohneinheit mehrere Generationen und Menschen von unterschiedlicher sozialer und ethnischer Herkunft zusammenleben. Neben den einzelnen Appartements der verschiedenen Haushalte gibt es Gemeinschaftsräume, in denen gemeinsam gekocht, gegessen, gespielt, ferngesehen und gelebt wird. Ob und wie die Bewohner Aufgaben untereinander aufteilen und ob sie ihren Alltag mit dem der anderen verknüpfen oder nicht, liegt ganz bei ihnen, Überschneidungen sind jedoch erwünscht und werden von den meisten gerne umgesetzt. Auf den Dächern der Gebäude sind Photovoltaikanlagen installiert, die einen Großteil des Energiebedarfs der Bewohner decken.

In manchen Wohnvierteln sind Seniorenheime und Studentenhäuser untergebracht, deren Bewohner sich ebenfalls untereinander und gegenseitig unterstützen. So bringen die Älteren den jüngeren das Gärtnern bei, während diese ihnen den neuesten Stand der Technik erklären.

Ich parke mein Fahrrad vor meiner Einheit und freue mich, dass die Sonnenblumen, die ich dieses Frühjahr mit Linea gesät habe nun blühen. Bereits im Treppenhaus kommt mir der Geruch von Tante Elas Kartoffelgratin entgegen und ich bin froh, dass ich mir am Bahnhof keine Brezel gekauft habe. „Oh, hallo, du kommst genau rechtzeitig!" begrüßt mich die ältere Dame freudig. „Wasch dir schnell deine Hände und hilf den anderen beim Tisch decken, wir können gleich essen!" Ich grinse in mich hinein und tue wie mir geheißen. Tarek umarmt mich stürmisch und Herr Ferjani beginnt sogleich, mich über meine Woche auf dem Architekturkongress in Japan auszuquetschen. Linea erzählt mir, dass die Uni beschlossen hat, ihre Fassade als Nistquartier für Vögel herzurichten und Joe und Finn haben beschlossen, die Wohneinheit zu wechseln, da sie ein Kind adoptieren möchten. Tareks kleiner Bruder Syam ist sofort Feuer und Flamme: „Adoptiert doch mich!" – „Wer soll mir denn dann bei der Tomatenernte helfen?", will Frau Ferjani wissen und streicht ihrem Sohn liebevoll durch das krause Haar.

4. Beitrag – 16 Jahre

Heute Schon an Morgen denken
#Massenkonsum und #Umweltverschmutzung
Möglichkeit c) Tagebucheintrag

Mittwoch, den 7.07.2021

Heute hatten wir im Deutschunterricht ein sehr interessantes Gespräch über unseren Massenkonsum, unsere Abhängigkeit von den Medien und die Umwelt, die wir Menschen immer weiter zerstören. Das hat mich zum Nachdenken angeregt:

Was kann jeder von uns als einzelnes Individuum tun, um die Umwelt zu schützen? Einfach auf unnötige Kleinigkeiten verzichten, jeden Tag protestierend auf der Straße stehen und nie wieder irgendetwas neues zum Anziehen kaufen? Uns derartig im Leben selbst einzuschränken und dadurch – so fokussiert auf die Rettung der Welt – den Genuss des eigenen Lebens zu genießen kann auch nicht die Lösung sein. Doch an irgendeiner Stelle muss etwas verändert werden. Denn wenn wir jeden Monat etwa die Fläche Hongkongs im Regenwald abholzen[1] und weiterhin jede Minute einen Müllwagen voller Plastik in unsere Ozeane kippen[2], dann ist es mit der Welt wie wir sie kennen bald vorbei.

Es gibt viele kleine Dinge, die man tun kann, um die Umwelt zu schützen. Aber wenn ich alleine anfange; Müll an der Isar aufzusammeln, dann bringt es der Welt auch nicht wirklich viel. Gemeinsam kann man also größere Ziele setzen und diese dann auch erreichen.

Dass zum Beispiel ab dem dritten Juli dieses Jahres Einwegverpackungen aus Kunststoff von der Bundesregierung verboten werden, ist ein guter Schritt. Es ist durchaus möglich auf diese umweltverschmutzenden To-Go Becher und Essensbehälter zu verzichten. Aber wäre es dann nicht auch an der Zeit weitere Gesetze wie dieses zu erlassen? Tomaten im Supermarkt müssen nicht in einer Plastikschale liegen, das geht auch aus Karton. Und das gilt für so viele Waren in den verschiedensten Läden. Auch Supermarkttüten können aus recyclebarem Plastik oder Karton sein. Generell lässt sich relativ einfach gemeinsam auf umweltfreundlichere Alternativen umsteigen. Auch ist es wichtig; gewisse Standards für unsere Konsumgüter vorauszusetzen. Ob ein Nahrungsmittel im Supermarkt heutzutage wirklich 100% Fairtrade oder biologisch angebaut ist, lässt sich nur schwer sagen. Oft geschieht es, dass das Produkt nur teilweise den Anforderungen entspricht und sich trotzdem mit einem Siegel auszeichnen darf. Es werden hier also neutrale Stellen wie eine unabhängige Verbraucherorganisation gebraucht, die unsere Produkte prüfen. So wird verhindert, dass sich Produkte oder Marken mit einem Siegel auszeichnen, das ihnen überhaupt nicht gerecht wird. Außerdem kann sich der Verbraucher bewusst für ein Produkt entscheiden, welches biologisch erzeugt wurde oder Fairtrade ist und damit Massentierhaltung und Kinderarbeit entgegensteuern. Wenn die Masse der Bevölkerung nicht mehr bei Marken einkauft, die überwiegend Kinderarbeit betreiben, und Fleisch, das aus Massentierhaltungsbetrieben stammt, künftig im Kühlregal liegen bleibt, dann müssen sich die Konzerne an die Nachfrage der Verbraucher anpassen. Auf diesem Weg können auch die Menschen etwas bewegen, die sonst vielleicht nicht so viel verändern könnten. Noch dazu sollte bereits in der Schule viel mehr auf den Umweltschutz aufmerksam gemacht werden. Es wäre auch möglich, eine Projektwoche einzurichten, in der die Schüler*innen gemeinsam in ihren Stadtteilen etwas für die Umwelt tun. Auf diesem Weg kann sich eine Realschule zum Beispiel entscheiden, Müll an der Isar aufzusammeln oder eine Umwelt-App zu entwickeln. Diese Projektwoche kann auch im Rahmen eines Stadtfestes stattfinden, um alle Bürger*innen miteinzubeziehen und jeder/m die Chance zu geben sich aktiv am Umweltschutz zu beteiligen. Zusätzlich wäre es wichtig, auf erneuerbare Energien, wie Wasserkraft, Windkraft und zukunftssichere Mobilität umzustellen, da dies Dinge sind, die die breite Bevölkerung nicht durch ihr Konsumverhalten beeinflussen kann. Und dabei tragen diese Faktoren fast am meisten zur

Umweltverschmutzung bei. Eine weitere Angelegenheit, die die Schüler*innen und Student*innen direkt betrifft, ist die Digitalisierung. Sie trägt nicht nur zu einer Vernetzung, sondern auch zum Umweltschutz bei. Gerade in schulischen Institutionen, sowie Büros oder großen Firmen lässt sich enorm viel Papierverschwendung vermeiden, wenn man auf digitale Hilfsmittel umstellt. Noch dazu haben erst während der Corona-Zeit viele bemerkt, wie sehr Einrichtungen wie Mebis den Unterrichtsalltag erleichtern. Warum also Bäume fällen, wenn man auch ein Gerät mit sich tragen kann, dass unendlich viele Papiere ersetzt?

Eine weitere Idee wäre auch mehr Stiftungen oder Wettbewerbe für diejenigen zu gründen, die eine innovative Idee realisieren wollen und denen das Kapital fehlt. Denn auf diesem Weg könnte nicht nur ich meine Anliegen preisgeben, sondern auch weitaus mehr Menschen, die somit zusammen an einer Hilfe für den Umweltschutz zusammenarbeiten.

Und wenn die Bürger*innen zusammen für das gleiche Ziel einstehen und arbeiten und nicht aggressiv gegeneinander gearbeitet wird, ist der Erhalt der Umwelt wie sie jetzt ist realisierbar. So bringt es wenig, in zwei Fronten oder sogar in Generationskonflikten gegeneinander vorzugehen. Denn, im Grunde genommen haben wir doch alle das gleiche Ziel: Die Umwelt zu schützen und unseren Massenkonsum zu reduzieren.

1   https://www.tagesschau.de/ausland/amerika/brasilien-amazonas-abholzung-103.html
2   https://gundel-koffer.de/blog/2020/11/13/33-schockierende-fakten-ueber-die-verschmutzung-der-ozean- die-dir-angst-machen-koennten-kostenlose-infographic/

5. Beitrag – 16 Jahre

Liebes Tagebuch,

ich weiß nicht, wo ich anfangen soll. Seit Tagen, Wochen kämpfe ich damit, mein Inneres zum Ausdruck zu bringen. In meinen letzten Tagebucheinträgen habe ich es immer wieder erwähnt, konnte es jedoch nie wirklich überzeugend formulieren. Es geht um unsere Menschheit. Ich habe das Gefühl von Tag zu Tag zerfällt sie mehr. Es heißt immer, gemeinsam ist man stark. Aber wie soll man gemeinsam stark sein, wenn man immer wieder auseinandergerissen wird? Es heißt, jeder ist gleich und trotzdem werden wir in unterschiedliche Bereiche eingestuft. Wenn du in der Schule schlecht bist heißt es, du kannst es nicht. Du kannst es nicht, weil du zu wenig gelernt hast, weil du in der Schule allgemein schlecht bist oder weil du einfach ein/e Versager/in bist. Wie kann es einem gut gehen, wenn der Ballast auf einem ruht, nicht gut genug zu sein. Es kommt zum Ausdruck: wenn du nicht gut in der Schule bist, dann nirgends. In der Schule werden wir in Noten eingeteilt, im Beruf auf die Fähigkeiten, in der Freizeit in Hobbys und im Glauben in verschiedene Religionen.

Um genau zu sein, werden wir alle in verschiedene Schubladen gesteckt, um das zu erledigen, was unser Gehirn/unser Körper am besten kann. Doch das funktioniert nicht. Wir Menschen haben nicht nur eine Fähigkeit, die einem bestimmten Bereich zugeteilt werden kann. Jeder Tag sieht anders aus, jede Seite von uns sieht anders aus. Doch liebes Tagebuch, warum sieht das keiner, warum versteht niemand, dass wir keine Einheitsmenschen sind? Wir sind alle auf die unterschiedlichste Art gemacht. Oft werden Zwillinge miteinander verglichen oder es wird auf die Verwandten bzw. Vorfahren geschaut. Doch egal wie viele Gemeinsamkeiten bestimmte Menschen haben, sie sind nicht gleich. Trotzdem werden wir in Schubladen sortiert. Die Frage, welche mir dabei sofort in den Sinn kommt ist, was passiert, wenn die Schublade explodiert? Viele fragen sich das, keiner weiß es. Um genau zu sein wissen wir es allerdings alle, wir sind nur oft zu blind, um es zu sehen.

Fragen sich die Menschen denn nie, warum es Krieg, Rassismus etc. gibt? Die Menschen sind überfordert mit sich selbst, sie denken sie müssen es an anderen auslassen, weil sie keinen Ausweg mehr finden. Dabei zerstören sie sich und auch andere. Sie erfinden z.B. Roboter, welche wie Menschen funktionieren sollen und immer neue Informationen möglichst schnell erlernen sollen. Um es zusammenfassend zu sagen, versuchen sie einen besseren Menschen zu erschaffen. Bedacht wird dabei nicht, dass er irgendwann schlauer sein wird als jeder Mensch. Wenn es bedacht wird, halten es viele für einen genialen Gedanken. Dass der Roboter irgendwann die Weltherrschaft übernehmen könnte, bedenkt dabei keiner oder sie freuen sich, später einen so überragenden Herrscher zu haben. Dabei gibt es jedoch einen großen Haken. Ein Roboter, der schlauer ist als die Menschen, braucht uns nicht mehr. Somit werden wir aussortiert, einer nach dem anderen, bis auch der Letzte sein Leben beendet hat. Die Menschheit sieht diese Fehler nicht, sie sieht nicht, dass keiner ist wie der andere, dass sich selbst zu zerstören auch keine Lösung ist und gegen andere zu kämpfen nur den Untergang bringt. Um genauer zu sein, sie möchten es nicht sehen. Täglich werden immer mehr Waffen, Panzer usw. produziert. Doch wenn man es schon voraussieht, dass so etwas wieder kommen könnte, warum ändert man es nicht in die andere Richtung? Gewalt ist keine Lösung, war es nie und wird es auch nie sein. Jeden Tag sehen wir Kriege im Fernsehen, wie furchtbar und schlimm sie sind, wie die Menschen leiden, weil sie das Zuhause, ihre Familien, ihr Land verloren haben und trotzdem rüsten wir uns dafür auf. Doch das ist nur eine von vielen Fragen, auf die ich keine Antworten finde.

Warum passiert es in der Schule immer wieder, dass wir uns mit unseren Noten über andere stellen und uns in bestimmte Fächer bzw. Fähigkeiten aufteilen, sodass die Gemeinschaft fehlt?

Zusammen sind wir stark. Doch wie, wenn wir uns gegenseitig runterziehen? Liebes Tagebuch, ich weiß nicht, ob ich je eine Welt erleben werden, welche nicht gespalten wird, aber das sind meine Gedanken dazu, geschrieben aus meinem Herzen und versucht in Worte zu fassen. Vieles läuft in dieser Welt falsch, oft treffen wir Menschen die falschen Entscheidungen. Manchmal merken wir die Fehler und manchmal denken wir, dass alles richtig gelaufen sei, obwohl das Gegenteil der Fall ist. Oft wollen wir auch keine Ratschläge annehmen, weil wir in gewisser Weise stolz sind. Wir wollen nicht zugeben, dass eine Entscheidung falsch war, sondern leben lieber mit der Überzeugung es richtig gemacht zu haben.

Wir Menschen sollten kritischer auf die Welt sehen. Auch junge Menschen sollten mehr mit einbezogen werden. Vielleicht haben sie noch weniger Erfahrung, aber genau dadurch sehen sie klarer und können ihre Meinung frei und ohne Beeinflussung äußern. Natürlich gibt es immer Dinge, bei welchen wir Jungen eher weniger gut mitreden können. Doch wir werden auch oft unterschätzt. Jeder sieht anders, jede Generation sieht anders, warum werden sie nicht gemischt, dass alle ihre Sicht darlegen können? Viele haben vielleicht keine Kraft mehr, sich mit großen Reden hervorzuheben, aber hätten trotzdem etwas Wichtiges evtl. sogar Entscheidendes zu sagen. Wir leben mittlerweile so digital, warum gibt es keine Plattformen wo jeder seine Argumente bzw. sein Wissen einbringen kann? Diese Gedanken rennen seit mehreren Wochen in meinem Kopf umher, ich konnte sie jedoch nie fassen. Nun sind sie sicher verwahrt.

Danke für dein Zuhören, liebes Tagebuch.

6. Beitrag – 16 Jahre

Samstag 03.07.21

Liebes Tagebuch,

In letzter Zeit hatten wir solch schöne Sommertage. Eine gute Mischung aus richtiger Hitze und starken Regenschauern. Und nächste Woche werde ich mit meinen Freunden in München sein! Endlich komme ich mal wieder aus dem Haus. Ich freue mich schon total. Wir werden Bubble Tea trinken gehen, in ein paar kleinen Trödelläden bummeln und alle Arbeit Zuhause hinter uns lassen.

Wenn es doch nur nicht diese ganzen Projekte gäbe. Ich war so gestresst und einfach konstant unter Druck die letzten paar Wochen, obwohl es das Ende des Schuljahres ist, müssen offenbar noch so viele Noten gemacht werden. Abgaben von Langzeitprojekten, mündliche Noten und lauter Referate. Aber letzte Woche habe ich zum Glück meine Therapeutin gesehen. Es war super hilfreich. Gerade reden wir meistens über Schule. Es ist so schwer sich da selbst einzuschätzen. Habe ich einfach nur keine Motivation oder eine wirkliche Krankheit?

Ich glaube echt, dass der Mentalen Gesundheit der Schüler größere Aufmerksamkeit geschenkt werden muss. Es ist unakzeptabel, dass dies von der Schule, welche solch eine große Last sein kann, einfach ignoriert wird. Es existieren außerdem einfach nicht die gleichen Chancen für Schüler, welche eine psychische Erkrankung haben. Wenn man zum Beispiel Depressionen oder ADHS hat, beginnt man bereits mit einem Nachteil und es wird fast immer härter sein seine ganze Arbeit zu erledigen.

Ich verstehe vor allem nicht, dass, obwohl es so viele Schüler gibt, welche solche Probleme haben, es auch unter uns noch so wenig Verständnis gibt. Es ist praktisch eine Krise geworden und Corona hat hier sicher nicht geholfen. Und trotzdem wird sich noch über andere lustig gemacht. Ob es ist, weil diese offen ihre

Symptome zeigen, extremst leise sind, oft zuhause bleiben müssen. Noch immer existiert ein Stigma um Therapie und kein Verständnis für Probleme anderer.

Und was machen die Lehrer? Ich kann natürlich erkennen, dass sie ehrlich besorgt sind. Doch sie haben meist einfach nicht die nötigen Informationen, um wirklich zu verstehen was los ist. Meist sind ihre Reaktionen recht unproduktiv. Anstatt mit mir zu sprechen, wenden sie sich ohne zu fragen einfach an meine Eltern. Oftmals wird Noten nachzuholen als wichtiger angesehen, als die Gesundheit der Schüler. Vor meinem Referat hatte ich eine Panikattacke und Lehrer scheinen zu denken, dass es in solchen Situationen helfe, mir zu sagen, dass ich das doch könne und keine Angst haben müsse. Es ist eine Krankheit! Ich kann nicht einfach geheilt werden. Im Unterricht werden oft sensitive Themen wie Selbstmord diskutiert, komplett ohne Warnung! Selbst wenn es Teil der Literatur ist, es werden überhaupt keine Gedanken daran verschwendet, wie sich dies auf einzelne Schüler auswirken könnte.

Ok, ich habe mich vielleicht ein bisschen reingesteigert. Aber was kann man denn überhaupt dagegen tun? So viele Probleme, die Personen mit psychischen Erkrankungen begegnen, sind tief im Schulsystem verankert. Da verliert man manchmal die Hoffnung. Aber obwohl es wichtig ist, auf politischer Ebene für Veränderung zu arbeiten, kann man auch im Einzelnen einiges tun.

Es müsste echt mehr Aufklärung geben, sowohl für Schüler als auch für Lehrer und im besten Fall Infoveranstaltungen mit Experten. Es könnten zum Beispiel verschiedene Krankheiten erklärt werden, und wie sich diese auf das Leben auswirken. Damit kann jeder die Probleme nachvollziehen, mit denen Leute mit mentalen Problemen auf einer täglichen Basis kämpfen müssen.

Lehrer können so ihren Unterricht zugänglicher für alle machen. Schon zu verstehen, warum einige Leute schalldämpfende Kopfhörer oder Anti-Stress-Spielzeuge brauchen und dem entgegenzukommen kann viel tun. Zu realisieren, dass einige Schüler andere Arbeitswege benötigen und zu wissen, wie man in Stresssituationen reagiert sollte jedem Lehrer möglich sein. Auch können zum Beispiel Bewertungskriterien von Referaten, die Leute mit bestimmten Problemen benachteiligen, verändert werden. Schüler müssen als Individuen mit ihren eigenen Bedürfnissen betrachtet werden und manchmal müssen dann auch Noten ein wenig in den Hintergrund rücken. Ich bin mir sicher, dass solch ein Ansatz über ein längere Zeit die Gesundheit der Schüler und auch ihre Leistung verbessern würde.

Einigen Schülern könnten mehr Informationen sicher auch helfen. Auf der einen Seite würde es helfen, Vorurteile zu reduzieren und offenere Konversationen könnten untereinander stattfinde. Schüler, welche schon Probleme haben könnten Strategien entwickeln, damit besser umzugehen oder Ressourcen bekommen, bei denen sie nach Hilfe suchen können.

Diese müssten aber auch wirklich vertrauenswürdig sein. Ich habe jetzt schon von mehreren Schulen gehört, wo die Schüler kein Vertrauen in ihren Schulpsychologen stecken oder diesen aktiv hassen.

Aber ich muss jetzt wirklich aufhören. Es fällt mir schon schwer genug immer dieses Tagebuch zu schreiben und ich muss für morgen noch Wirtschaft lernen.

7. Beitrag – 16 Jahre

Liebes Tagebuch,

manchmal zweifle ich echt an unserer Gesellschaft. Junge Leute sind tolerant, weltoffen, umweltbewusst und zukunftsorientiert – dachte ich immer. Doch in letzter Zeit bekomme ich immer häufiger zu spüren, dass das nicht so ist. „Scheiß Ökos", „fuck fridays for future, es gibt noch genug Zeit das Klima zu verbessern", „Scheiß Feminismus", all das sind Sätze die ich jede Woche aufs Neue höre und ich bin es so satt. Ich weiß einfach nicht mehr, wie ich damit umgehen soll, wenn jeder versucht mir meine Ansichten auszureden und nieder zu machen. Ich war eigentlich immer davon überzeugt, dass es etwas Gutes ist, sich um das Klima zu sorgen, umweltbewusst zu leben und sich für Geschlechtergleichheit einzusetzen, aber nach Aussagen wie oben beschrieben, fange ich doch tatsächlich an, meine Ansichten in Frage zu stellen. Ich fange an, leise zu werden und ich fange an, mich aus Diskussionen herauszuhalten, um nicht als Öko oder Drama-Queen betitelt zu werden. Ganz besonders bei dem Thema Gleichberechtigung kochen oft die Gefühle über, sei es in der Schule oder privat, wenn ich mich mit Leuten darüber unterhalte. Mir wurde schon früh von meiner Familie beigebracht wie wichtig Geschlechtergleichheit ist und wie häufig Benachteiligung und Diskriminierung von Frauen trotzdem vorkommt, weshalb mir dieses Thema auch so sehr am Herzen liegt. Ich habe manchmal das Gefühl, dass einige die Benachteiligung von Frauen nicht so wirklich ernst nehmen und sich darüber lustig machen. Ich weiß, ich bin kein Experte und habe vielleicht auch nicht immer eine passende Statistik parat, aber das schlimme ist ja eigentlich die Tatsache, dass man, auch ohne ein Experte zu sein, den Sexismus tagtäglich vor Augen geführt bekommt. Ich muss keine Fakten oder Zahlen kennen, um sagen zu können, dass ich mich unwohl fühle, wenn mir auf der Straße hinterher gepfiffen und „hey Süße" hinterhergerufen wird, wenn der Lehrer im Unterricht sagt

„Wow, sogar du als Mädchen hattest die Aufgabe richtig?" oder, wenn man aus dem Nichts, unangebrachte und unerwünschte Bilder auf Social Media erhält. Mein Punkt ist, dass diese Aktionen einfach so oft heruntergespielt und unter den Tisch gekehrt werden und nicht darüber gesprochen wird. Vielleicht verstehen viele auch einfach nicht, wie bloßgestellt, machtlos und gedemütigt man sich in und auch noch nachdem man sich in so einer Situation wiederfindet, fühlt. Und trotzdem, wenn auch nur das Wort Feminismus fällt, werden Augen verdreht und das Thema gewechselt. Es macht mich irgendwie so wütend, dass sich manche Leute nicht mit dem Thema auseinandersetzen möchten und es macht mich traurig, dass es so viele Mädchen da draußen gibt, die nicht gegen sexistische Anmerkungen ankämpfen und ihre Stimme nicht erheben, weil sie sich nicht trauen oder, weil es schon so alltäglich geworden ist, dass man sich nicht die Mühe machen will, sich erneut den Kopf darüber zu zerbrechen und sich aufzuregen. Ich traue mich mittlerweile auch nicht mehr so etwas anzusprechen, weil ich weiß, dass ich sowieso nicht ernst genommen und nur verarscht werde und, wenn dann doch mal über Gleichberechtigung geredet wird, zieht es mir so viel Energie jedes Mal von Neuem gegen eine Wand zu reden, die sich nicht einmal dafür interessiert, was ich sage. Genau deshalb schreibe ich auch gerade meine Gedanken hier auf, damit ich einmal sagen kann was ich zu sagen habe, ohne unterbrochen zu werden und ohne mich komplett lächerlich zu fühlen, wenn mir mal wieder die Worte, die schriftlichen Beweise oder das Fachwissen fehlen, um mich zu rechtfertigen und erklären zu können. Natürlich treffen diese Ignoranz und Intoleranz nicht auf alle Jugendlichen zu und ich kenne natürlich auch einige, die sich mit dem Thema auseinandersetzen, dennoch denke ich, dass es viel zu selten diskutiert wird, in der Schule beispielsweise. Wir haben tatsächlich noch nie im Unterricht über Sexismus gesprochen und das, obwohl es so viele Menschen betrifft. Ich höre in der Schule echt oft unangemessene Aussagen. Auch wenn das vielleicht nur aus Versehen oder aus Spaß vorkommt, haben Sätze, wie „Ich brauche kurz ein paar starke Jungs, die mir beim Tische raus tragen helfen" oder „du als Mädchen interessiert dich für Technik?" große Auswirkungen auf uns Jugendliche, da sie das Unterbewusstsein prägen und zur Normalisierung solcher Aussagen führen und dann zu genauso einer abneigenden Einstellung gegenüber Feminismus führen. Ich hoffe einfach so sehr, dass sich das in der Zukunft noch bessert und, dass sich Erwachsene über ihren Einfluss auf Jugendliche und Kinder bewusst werden und endlich mehr über solche Themen offen geredet wird. Ich möchte mich nicht über dramatisch fühlen, wenn ich etwas anspreche, das mich an unserer Gesellschaft stört, ich möchte ernst genommen werden, ich möchte etwas verändern können

7 Beiträge in der Altersgruppe 17 Jahre

1. Beitrag – 17 Jahre

Thema: Meinungsrelevanz
Form: Tagebucheintrag

Hier stehe ich und sehe, dass es falsch ist, was du tust. Hier stehe ich und frage mich, was in deinem Kopf los ist. Hier stehe ich und würde am liebsten die Welt zusammen schreien. Hier stehe ich und sage nichts.

Warum sage ich nichts? Warum brüllt alles in mir drin, dass ich den Mund aufmachen soll, um das, was ich sehe, zu verhindern und doch tue ich nichts? Wieso bin ich so in mich gekehrt, dass ich es nicht schaffe für Sachen, die mir am Herzen liegen, aus mir herauszukommen? Warum bleibe ich still, obwohl ich weiß, dass das, was hier geschieht, falsch ist?

Immer wieder finde ich mich in der Situation wieder, dass ich nicht weiß, wie ich am besten zu handeln habe. Es ist wie ein Fluch, der einen immer und immer wieder einholt. Man sagt sich das Mantra: Komme aus dir heraus, zeige, was dich bewegt, rede über das, was dich bewegt! Aber das tun wir nicht. Und wenn wir es tun, haben wir das Gefühl, dass wir damit die Leute nerven und wir uns einfach nicht öffnen sollten. Weil unsere Meinung sowieso die falsche ist.

Eine Lehrerin hat einmal zu mir gesagt: Jede These ist richtig, wenn du sie nur gut begründen kannst, wenn du deine Punkte gut untermauern kannst. Aber wann ist etwas gut argumentiert und wann hat man Fakten, die gar nichts aussagen? Und woran erkenne ich, dass sie nichts aussagen? Es ist schwer für sich einzustehen, wenn all die anderen kommen, die einem sagen, dass man die Klappe halten soll.

Denn egal, was, du tust, egal wie du dich entscheidest, es ist sowieso nicht die richtige Seite, auf der du stehst. Und letztendlich lässt man sich von diesen Zweifeln auffressen und man hinterfragt sich selbst, man hält die, die eine andere Meinung vertreten, automatisch für die richtigen, weil sie es so selbstbewusst rüberbringen. Das ist nicht gut.

Oft wurde mir gesagt, dass ich aufören soll, so feministisch zu sein, dass ich aufören soll, so ein Drama zu machen, dass ich aufören soll, so viel zu hinterfragen, dass das, was mich aufregt, nicht der Rede wert ist.

Und dann habe ich darüber nachgedacht, inwiefern meine Meinung ignoriert wird. Die Politiker schenken uns jungen Menschen nicht wirklich die Aufmerksamkeit oder die Wahrnehmung, die wir uns von ihnen wünschen würden. Man kann sich noch so sehr für seine Meinung einsetzen, letztendlich haben wir keine Chance gegen die ältere, „mächtigere" Generation.

Woran ich das festmache?

Schauen wir zurück auf die Demonstrationen gegen den verhassten Artikel 13, die jeden Tag die Nachrichten gefüllt haben. Jetzt wird das Gesetz verabschiedet. Schauen wir zurück auf die „Fridays For Future" – Demonstrationen, die Gesprächsthema Nummer 1 gewesen waren. Wen interessiert das in der Politik heutzutage noch, wenn wir zufällig mal ein anderes Problem haben? Niemand kann abstreiten, dass wir bei Bedarf einfach ignoriert werden, weil wir, unsere Anliegen, nicht in das Denken unserer deutschen Politiker passen.

Es ist unsere Generation, die auf diesem Planeten noch die nächsten Jahrzehnte erleben soll. Wieso werden wir dann nicht ernst genommen, wenn es um Themen geht, die uns offensichtlich am Herzen liegen? Warum werden Jugendliche belächelt, wenn sie über Politik reden und sich Gedanken zur Zukunft unseres Landes und unserer Welt machen?

Welche Werte werden denn durch ein solches Verhalten an uns vermittelt?

Für mich klingt es so, als sollte ich einfach meinen Mund halten und brav nicken, sobald ein weiser Erwachsener etwas sagt und ehrlich gesagt, denke ich, dass hier das Problem liegt. Denn es ist nicht schlecht, dass ich denken kann und, dass ich denken will. Jeder von uns kann denken und doch machen es teilweise nur so wenige, dass ich mich manchmal frage, wo das Gehirn der

Menschen abgeblieben ist. Und dann erinnere ich mich, dass das viele vielleicht auch über mich denken.

Denn jeder Mensch hat eigene Ansichten zu jedem Thema. Da ist es völlig egal, worüber diskutiert wird, wie alt du dabei bist oder welche Werte du vertrittst. Letztendlich schaffst du es nicht, jeden von deiner Meinung zu überzeugen. Das muss akzeptiert werden. Denn wenn man es nicht tut, wird es einen nur auffressen und das ist es nicht wert. Dennoch ist es es auch nicht wert, wenn du einfach aufhörst, zu denken.

Deshalb ist es so wichtig, andere sprechen zu lassen, und zwar so, dass du ihnen auch zuhörst! Denn wenn du nicht zuhörst, wird auch dir niemand zuhören. So wie die Politik versucht, den Jugendlichen nicht zuzuhören und Jugendliche den Sinn nicht weiter dahinter sehen, sich mit unseren Vertretern des Landes auseinander zu setzen, weil sie sich nicht wahrgenommen fühlen. Aber denk immer daran, dass es nicht hilft, das Gehirn einfach auszuschalten, denn wir müssen uns weiter für das einsetzen, hinter dem wir stehen! Auch wenn es erstmal nicht relevant erscheint.

Deine Meinung zählt und wir müssen dafür kämpfen, dass sie nicht einfach überhört wird!

2. Beitrag – 17 Jahre

Es ist der 7. Juli ...

Liebes Tagebuch,

Es ist der 7. Juli 2061. Gestern bin ich Oma geworden. Meine Enkeltochter ist ein Engel. Ich hoffe sie wird durchkommen in dieser Welt, wo jeder ums Überleben kämpfen muss.

Ich werde ihr helfen, es durchzustehen, so gut ich kann. Ich werde ihr Geschichten erzählen, von früher, von meiner Kindheit. Als es noch eine riesige Artenvielfalt gab, als man im Winter Schlittenfahren und im Sommer ins Freibad gehen konnte. Als das Trinkwasser einfach so aus dem Wasserhahn floss und Strom aus der Steckdose kam. Ich werde ihr versichern, dass es wieder so werden kann. Wenn jeder seinen Beitrag dazu leistet. Wenn sie ihren Beitrag dazu leistet.

Liebes Tagebuch,

Es ist der 7. Juli 2051. Es ist unerträglich heiß. Meine Klimaanlage ist kaputt, aber ich kann mir keine neue leisten. Alles ist so teuer geworden. Wasser ist ein Privileg. Fleisch gibt es nur noch an Feiertagen. Ich wünschte mir so sehr, ich könnte meinen Kindern etwas Besseres bieten. Ich wünschte, sie hätten eine Kindheit gehabt, wie ich sie erleben durfte. Ich wünschte, ich hätte damals schon an sie gedacht und an das, was einmal werden würde.

Liebes Tagebuch,

Es ist der 7. Juli 2041. Die Nachrichten sind voll von Berichten über die Klimaflüchtlinge. Wäre sie nicht so schrecklich, würde ich sicher über die Ironie der Situation lachen können. Menschen müssen in die Länder flüchten, die hauptverantwortlich für die Klimakrise sind und sich dann von genau diesen Schuldigen auch noch vorwerfen lassen, dass sie geflohen sind. Zum Totlachen, im wahrsten Sinne des Wortes. Gestern haben mich meine Kinder gefragt, wie Schnee ausgesehen hat. Wunderschön habe ich gesagt. Ein wundervolles Schauspiel, wie ein Tanz des Himmels. Jede Schneeflocke war einzigartig in Form, Größe und Muster. Eine winzige Träne ist mir über die Wange gerollt.

Liebes Tagebuch,

Es ist der 7. Juli 2031. Die Sommerferien wurden vorgezogen, weil es jetzt schon so heiß ist, dass es kein Mensch mehr in den Klassenzimmern aushält. Kein Wunder, dass die Schüler_innen in Jubelstürme ausgebrochen sind. Die Gründe für die frühen Ferien hinterfragen sie natürlich lieber nicht. Ich selbst muss leider trotzdem arbeiten. Immerhin bin ich im HomeOffice. Heute ist der Keller mein Arbeitsplatz, der einzige Ort, an dem ich mich konzentrieren kann. Okay gut, besonders produktiv bin ich heute nicht gewesen. Ich kann die ganze Zeit nur daran denken, wie schön es wäre, jetzt ins Freibad zu gehen.

Liebes Tagebuch,

Es ist der 7. Juli 2021. Draußen scheint die Sonne, die Ferien nahen. An Tagen wie heute fällt es schwer, sich vorzustellen, dass mit der Welt nicht alles in Ordnung ist. Ich glaube, das ist das größte Problem. Dass wir nicht sehen können, was uns eines Tages blüht. Dass wir jetzt und hier einfach nur das schöne Wetter genießen, uns an der Gegenwart erfreuen und dabei vergessen, an die Zukunft zu denken. Doch ich möchte das nicht. Ich möchte die Zukunft verändern. Nur heute habe ich die Möglichkeit, etwas an morgen zu ändern. Natürlich kann ich nicht von einem auf den anderen Tag mein komplettes Leben umkrempeln. Aber ich kann jeden Tag einen kleinen Schritt in die richtige Richtung machen. Weniger Plastik, mehr unverpackt einkaufen. Hier und da lieber das Fahrrad nehmen. Weniger Fleisch essen.

Vielleicht mal mit dem Zug statt mit dem Flieger in den Urlaub fahren. Alles keine großen Sachen, ich weiß. Vielleicht werde ich nicht die nächste Greta Thunberg, aber ich kann trotzdem etwas tun. Denn ich weiß, es liegt in meiner Hand, die Zukunft neu zu schreiben.

3. Beitrag – 17 Jahre

Liebes Tagebuch,

ich verstehe es einfach nicht. Heute musste ich mir von meinen Lehrern irgendwas von „den guten alten Zeiten" anhören und das ist so nervig! „Damals, als man noch mit anderen Menschen reden musste. Damals, als man noch stundenlang draußen gespielt hat. Damals..." Wie oft wollen sie uns noch sagen, dass es damals besser war? Wieso können Erwachsene nicht einfach mal das Positive an der jetzigen Situation sehen? Handys sind toll. Und so respektlos ist unsere Generation auch nicht. Meine Eltern regen sich immer darüber auf, dass ich nur mit meinen Internetfreunden schreibe und das reale Leben dabei verpasse.

„Damals mussten wir telefonieren", sagen sie immer. Und wenn ich dann mit einer Freundin telefoniere sagen sie, dass ich mit der Familie Zeit verbringen soll. Ich kann einfach nicht mehr. Ich kann nicht mehr.

Verstehen Erwachsene nicht, dass ich mich alleine fühle? Verstehen sie nicht, dass es mir rein gar nichts bringt, wenn sie mich immer daran erinnern, dass ihre Kindheit so viel besser war? Ich weiß, dass es nicht gesund ist nur Internetfreunde zu haben, das sind aber die einzigen, die mich verstehen. Sie haben auch keine Freunde, mit denen sie sich treffen. Sie sind ja auch ganz alleine.

Ach, das ist so blöd. Manchmal denke ich mir, dass meine Eltern Recht haben; aber manchmal regen sie mich so auf und ich will mich einfach von der Welt verstecken. Und ich glaube nicht, dass ich die Einzige bin, die das Gefühl hat. Ich fühle mich so alleine, und doch habe ich Angst, nach Hilfe zu bitten. Dann sagen sie (die Erwachsenen), dass ich selbst dran schuld bin. Ich bin ja diejenige, die den ganzen Tag alleine in ihrem Zimmer sitzt.

Manchmal wünsche ich mir einfach wieder im Kindergarten zu sein. Damals, als meine größte Sorge war, wie lange ich noch mit der Puppe spielen durfte. Damals, als ich mit Menschen geredet habe und das Gefühl hatte, ich sei ihnen wichtig. Damals... Jetzt klinge ich schon wie meine Eltern! Ich weiß ja nicht mal selbst was ich will und was ich glauben soll!

Bin ich nach meinem Handy süchtig? Nach Instagram, YouTube und TikTok? Nein. Wieso kann ich dann keine Woche ohne sie leben? Das weiß ich auch nicht.

Ich weiß noch als ich in der achten Klasse im Religionsunterricht an einem Wettbewerb teilgenommen habe, es hieß „Be smart, Don't start"[1] und dessen Ziel war es, dass Schüler nicht mit dem Rauchen anfangen. Man durfte also für eine bestimmte Zeit nicht rauchen. Für mich war das kein Problem, weil ich sowieso nicht rauchte und ich ziemlich jung war.

Was wäre aber, wenn es auch so etwas für die Handynutzung geben würde? Man könnte als Klasse freiwillig daran teilnehmen, und für einen bestimmten Zeitraum keine sozialen Medien benutzen oder ganz das Handy weglegen. Für drei Tage. Oder eine Woche. Und vielleicht könnte ich endlich mit dem einen Mädchen aus meiner Klasse reden, das ständig am Handy sitzt. Vielleicht bin ich für meine MitschülerInnen das Mädchen, das geistig immer woanders ist. Vielleicht könnte ich sie besser kennenlernen. Vielleicht fühlen wir uns alle alleine. Vielleicht könnten wir einfach alle mal präsent sein.

Und dann könnten wir das Beste aus der jetzigen Situation machen. Es ist nicht mehr „damals". Es ist heute. Und wir leben nun mal in einer anderen Welt als die, in der unsere Eltern und Lehrer aufgewachsen sind. Können wir uns aber nicht trotzdem gegenseitig zuhören? Ich brauche Erwachsene, die mich als individuelle Person sehen und wertschätzen. Die verstehen, dass ich Ängste und Träume habe. Die mir zuhören. Erwachsene die präsent sind. Denn präsent sein möchte ich ja auch. Ich habe nur Angst, dass in der realen Welt keiner für mich da ist. Dass ich mich in der Realität nur noch mehr alleine fühle. Ich möchte nicht alleine sein. Ich will nicht alleine sein.

Gute Nacht, liebes Tagebuch. Du bist das Einzige, was mir wirklich zuhört. Doch du wirst nie antworten und du kannst nichts tun. Und niemand, der das könnte, hört mich.

Bridget

4. Beitrag – 17 Jahre

Hört auf euch die Köpfe einzuschlagen! oder:
Das Problem mit der Toleranz.

Liebes Tagebuch,

wie du weißt, haben wir in der heutigen Zeit viele Probleme, die die Gesellschaft als Ganzes betreffen, mich aber auch beschäftigen, weshalb ich mal anfange sie, zusammen mit meinen Gedanken hier niederzuschreiben. Waren diese Probleme 2015 noch primär Flüchtlinge, sind es heute weitaus vielfältigere Dinge, die uns beschäftigen. Umweltschutz, Gleichberechtigung und Rassismus sind nur wenige davon. Und die Diskrepanz diesen Themen gegenüber wird immer größer. Immer mehr Menschen zwängen sich und andere in bestimmte politische Positionen. Die goldene Mitte, so befürchte ich, wird dabei von der großen Masse aber verfehlt.

Im Internet sind Beleidigungen wie „Du Nazi!" oder „Ihr links-grün-versifften Merkeljünger!" nichts Besonderes. In den sozialen Medien sind diese beinahe alltäglich, oft werden solche Kommentare sogar ohne erkennbaren Zusammenhang zum ursprünglichen Beitrag gepostet. Doch das ist nur ein Symptom von vielen. Wenn es um Umweltschutz geht, gibt es entweder die Fridays-For-Future-Demonstranten oder die, die sich beschweren, dass Greta Thunberg will, dass alle sofort vegan werden und nur noch Rad fahren. Zumindest scheint es so. So oder so ähnlich verhält es sich auch mit anderen Themen. Es scheint nur noch Extrempositionen zu geben. Entweder Nazi oder links-grün versifft. Entweder Opfer der Systemmedien oder Querdenker. Es ist beinahe unmöglich sich im Internet zu äußern, ohne für seine politische Einstellung beleidigt zu werden. Und dabei fällt eines immer wieder auf: Andere Meinungen als die eigene werden nicht anerkannt, nicht respektiert. Sobald sie abweicht, ist sie falsch. Es gibt immer nur eine Wahrheit. Das ist aber doch in unserer modernen Gesellschaft zu klein gedacht, denn es gibt nicht nur einen Weg, nicht nur eine mögliche Alternative.

Um mal bei der Alternative zu bleiben. Viele Menschen suchen nach einer, weil sie mit der aktuellen Regierung nicht zufrieden sind. Das ist gut und wichtig, weil nur dadurch Fortschritt entstehen kann und dadurch die Regierung überprüft wird; das ist das System der Opposition. Ein Problem aber gibt es dann, wenn diese anderen Positionen, von wem auch immer, grundsätzlich als falsch bezeichnet werden. Es ist falsch rechts zu sein, falsch links zu sein, falsch konservativ zu sein, falsch grün zu sein. Es gibt immer welche, die es als falsch, gar böse ansehen. Das führt zu Radikalisierung und Extremismus. Denn wenn man das Gefühl hat, dass eigene Sorgen und Ängste von der Gesellschaft nicht als solche wahrgenommen werden, hat man das Gefühl alleine zu sein. Wenn dann hier eine

Gruppierung kommt und sagt: „Bei uns bist du willkommen, wir teilen deine Befürchtungen und deine Meinung", tut man doch alles um Teil dieser Gruppe zu bleiben. Im Zweifelsfall auch sich (unbewusst) zu radikalisieren. Das ist zumindest einer der Wege, den ich mir vorstellen kann. Wenn es dann mal so weit ist, dann geht es weniger um die Sache selbst als um die eigenen Emotionen. Das Gefühl unterdrückt zu werden, nicht gehört zu werden, Angst. Gefühle, die für die Gesellschaft in diesem Ausmaß bei diesem Thema, unter Umständen nicht mehr nachvollzogen werden können. Das drängt die Individuen dann weiter an den Rand, in eine Opferposition, die sie sich selber geschaffen haben. Dann geht der Kreis wieder von vorne los.

Mir fehlt in der ganzen Debatte darüber, neben der offensichtlich fehlenden Sachlichkeit und Faktentreue, immer ein ganz entscheidender Aspekt: Toleranz. Unsere Demokratie fußt auf Toleranz. Deswegen haben wir Religionsfreiheit, Meinungsfreiheit, Pressefreiheit. Das bedeutet, dass jeder Mensch das Recht hat sein Leben innerhalb der gesetzlichen Bestimmungen, innerhalb der freiheitlich-demokratischen Grundordnung, so zu gestalten wie er möchte. Das bedeutet auch, dass er kontroverse Positionen vertreten darf, ohne verleumdet zu werden. Wir müssen diese Meinungen respektieren. Respektieren, nicht akzeptieren. Ich muss anerkennen, dass es diese Meinung gibt und, dass sie eine von vielen möglichen ist, muss aber, gerade bei Persönlichkeiten des Öffentlichen Lebens, über diese Punkte sachlich diskutieren können. (Solange sie auf Fakten basieren. Wenn etwas faktisch falsch ist, bleibt es das auch. Da ändert auch eine persönliche Meinung nichts daran. Man sollte aber die Emotionen dahinter nicht automatisch mit als falsch betiteln.) Dennoch muss jeder Art von Extremismus entschieden entgegengetreten werden. Was für einer ist dabei unerheblich, egal ob rechts oder links, ob christlich oder muslimisch, jeglicher Extremismus ist mit unserem freiheitlich-demokratischen Staat, meiner Meinung nach, nicht zu vereinbaren. Denn trotz allem endet die eigene Freiheit dort, wo die Rechte anderer verletzt werden. Man darf aber trotzdem nicht den Fehler machen, die Haltung von Extremist:innen auf alle Personen einer Gruppe auszuweiten und zu pauschalisieren. Abgesehen von Haltungen, die nicht mit unserer Demokratie vereinbar sind, muss ich Meinungen respektieren, auch wenn ich sie nicht unterstütze. Und wenn jeder ein bisschen mehr von dieser Toleranz in seinem Leben hätte, gäbe es womöglich viele Probleme weniger auf der Welt. Wenn wir als Gesellschaft mehr Toleranz für andere zeigen, auch, oder gerade dann, wenn es das Gegenüber nicht tut, können wir aufhören unsere Emotionen und Konflikte über die Politik im Land entscheiden zu lassen. Dann können wir aufhören uns gegenseitig die Köpfe einzuschlagen und anfangen miteinander an den Problemen zu arbeiten und zusammen an ihnen zu wachsen.

5. Beitrag – 17 Jahre

Liebes Tagebuch,

heute war ein wirklich verrückter Tag. Wir sollten einen Aufsatz darüber schreiben, wie wir uns unsere Zukunft vorstellen bzw. wünschen. Natürlich haben viele geschrieben, dass sie sehr viel Geld verdienen wollen, um sich z.B. teure Autos oder ein großes Haus leisten zu können. So ziemlich alle aus meiner Klasse wollen einen wirtschaftlichen Beruf ausüben. Die Ironie daran ist, dass sie Sozialwesen als Zweig an der FOS gewählt haben. Der traurige Grund dafür ist, dass Sozialwesen angeblich leichter wäre als der Wirtschaftszweig. Ich bin so ziemlich die Einzige, die nach der Fachhochschulreife auch wirklich einen sozialen Beruf ausüben will. Ich möchte Soziale Arbeit studieren, da ich anderen Menschen weiterhelfen will und für mehr Gerechtigkeit sorgen will. Leider verdient man als Sozialarbeiter/in nicht sehr viel, aber es reicht aus, um gut über die Runden zu kommen. Könnte ich eine Sache auf dieser Welt verändern dann, dass Menschen, die in sozialen Berufen tätig sind, ebenso geschätzt werden wie Menschen in wirtschaftlichen Berufen. Beide Berufsfelder sind gleich wichtig. Gäbe es keine Menschen, die z.B. in Krankenhäusern, Seniorenheimen, Kindertagesstätten usw. arbeiten würden, dann wären wir momentan total aufgeschmissen. Diese Leute tragen uns durch die Corona-Pandemie. Ihnen wurde als Zeichen der Wertschätzung ein bestimmter Geldbetrag versprochen, den sie aber nie bekommen haben. Das grundlegende Problem unserer Gesellschaft ist in meinen Augen, dass es nur noch ums Geld geht. Werte, wie Wertschätzung, Respekt, Höflichkeit etc. haben wortwörtlich ihren Wert verloren. Wenn man auf den Straßen unterwegs ist, bekommt man nur noch selten ein freundliches Hallo zu hören. Ältere Menschen müssen selbst ihre schweren Einkaufstüten schleppen und Worte, wie „Bitte" und „Danke" sind für viele nur noch Fremdwörter. Man muss nicht versuchen, von heute auf morgen die gesamte Welt zu verändern, das geht gar nicht. Aber man kann anfangen den ersten Schritt zu machen. Denn man selbst erwartet, dass man von allen anderen mit Wertschätzung und Respekt behandelt wird. Damit das aber passiert, muss man auch den anderen gegenüber respektvoll und wertschätzend sein. Man muss nicht jeden sofort umarmen oder mit jedem beste Freunde werden, aber Respekt hat jeder Mensch verdient und der fehlt in unserer heutigen Gesellschaft massiv. Genau deshalb will ich Soziale Arbeit studieren. Ich will etwas verändern, in dem ich Gutes für die Gesellschaft tue. Das Geld spielt für mich hierbei nur eine kleine Nebenrolle. Ich kann leider nicht jedem Menschen helfen und nicht jeden ändern, aber ich kann es versuchen und für mich entscheiden, dass für mich Werte, wie Höflichkeit, Respekt und Wertschätzung von höherer Bedeutung sind als Geld. Denn mit Geld kann man sich diese Dinge nicht kaufen. Vielleicht sind eines Tages diese Werte wieder wichtiger... Das Gefühl anderen zu helfen ist um einiges schöner, als das Gefühl ein Millionär zu sein... Jedoch muss man dafür von seinem eigenen hohen Ross steigen ... Wie du merkst, liebes Tagebuch, das Thema des Aufsatzes heute hat zum Nachdenken angeregt ... Ich kann es kaum erwarten meine Zukunft zu gestalten.

6. Beitrag – 17 Jahre

Herz und Charakter bilden – sexuelle Belästigung als Problem der heutigen Zeit.

Ich kann mich noch genau an die Musik erinnern. An die Lichter, an das Tanzen. Ein guter Freund von mir hat zu seinem Geburtstag in seinen Garten eingeladen. Siebzehn, ein bisschen ausgelassen, ein bisschen angetrunken. Ich kann mich noch genau erinnern, wie meine beste Freundin belästigt wurde.

Es gab einen Selbstverteidigungskurs in der Schule, der von allen als sinnvoll und nützlich erachtet wurde. Was mache ich, wenn ich auf der Straße angeschrien werde? Wenn mich ein Fremder anfasst? Was tue ich, wenn mich eine dunkle Gestalt von hinten packt? Niemand hat uns gesagt, was wir tun sollen, wenn dieser Fremde ein Freund ist. Ein Mitschüler, ein Bekannter.

Es ist eine Art Trend, der unentdeckt abläuft: es wird getrunken, es wird abwertend über bestimmte Personen, oft Mädchen, gesprochen. Und irgendwann passiert es. Das harmlose Gerede wird zu einer Straftat. Was tun? Meine beste Freundin wusste es nicht. Sie schämte sich stattdessen. Warf sich selbst vor was vorgefallen war. Der Täter war ja auch kein Täter, keine vermummte Gestalt, sondern ein Mitschüler, freundlich, höflich, der letzte, vor dem man sich fürchten würde.

Meine beste Freundin ist ein Einzelfall, doch sie steht für so viele andere junge Menschen, die ständig Erfahrungen mit sexueller Belästigung machen. So viele junge Menschen und vor allem Mädchen, die sich hoffnungslos fühlen und alleine gelassen. Zur Polizei gehen ist keine Option, wenn man gegen den bekannten Täter kein Gerichtsverfahren einläuten möchte. Alleine auf ihn zugehen erfordert oft zu viel Mut.

„Die Schulen sollen nicht nur Wissen und Können vermitteln, sondern auch Herz und Charakter bilden", so heißt es im Artikel 131 (1) des Freistaates Bayern. Und Herz und Charakter bilden heißt, Respekt und Verantwortungsbewusstsein zu entwickeln, schon in den Schulen vorzubeugen, dass es überhaupt zu einem Trend werden kann, die körperliche Selbstbestimmung einer anderen Person zu verletzen. Die Zukunft kann sicherer werden, wenn wir nur an die wichtigste Präventionsmaßnahme halten, die es gibt: Aufklärung. Aufklärung über respektvollen Umgang mit anderen, über die Auswirkungen von Alkoholkonsum und über Gründe und Folgen von sexueller Belästigung. Ein stigmatisiertes Problem wird nie gelöst werden. Wir müssen jetzt handeln, jetzt bilden. Es ist ein guter Anfang, den Opfern Selbstverteidigungskurse und Ressourcen anzubieten. Doch wir können das Problem weiter an der Wurzel angehen: nicht alle Täter sind unbekannte Fremde. Sie sind unsere Nachbarn, unsere Freunde. Um meiner besten Freundin das verstörende Erlebnis zu ersparen hat nur eins gefehlt: die Sensibilisierung und Aufklärung unseres Mitschülers.

7. Beitrag – 17 Jahre

Liebes Tagebuch,

heute war wieder einer der Tage, an dem mir sehr viele Dinge durch den Kopf gingen, die mich emotional sehr aufgewühlt haben. Deshalb dachte ich mir, ich sollte diese niederschreiben.

Es fahren viel zu viele Autos in der Stadt herum, die sich meistens nicht an die Verkehrsregeln halten, und somit das Unfallrisiko erhöhen. Aus diesem Grund wünsche ich mir eine Stadt, in der nicht so viel Verkehr herrscht, sodass man auch mal entspannt mit dem Fahrrad von A nach B kommt. Ich wäre dafür, dass die SUVs in der Stadt gänzlich verboten werden, da die wenigsten Fahrer*innen sich mit diesen richtig einschätzen können und somit den Verkehr behindern. Am liebsten allerdings wäre mir eine autofreie Innenstadt, in welcher nur öffentliche Verkehrsmittel, Fahrradfahrer und Lieferanten oder Versorger (z.B. die Post) mit Ausnahmegenehmigung fahren dürfen. Dadurch würden vielleicht mehr Leute mit dem Fahrrad zur Arbeit oder Schule fahren. Natürlich müsste man neben einem sicheren Fahrradverkehr auch einen gut ausgebauten Nahverkehr haben, in welchen die öffentlichen Verkehrsmittel zeitlich perfekt aufeinander abgestimmt sind, sodass man sich auf diese zu 100% verlassen kann. Dieser sollte dann – wenn möglich – erschwinglich genug sein (mithilfe von Subventionen von Seiten des Staates), damit man diese Alternative auch in Betracht zieht. Zusätzlich sollte sich der öffentliche Verkehr vollkommen vom Dieselantrieb lösen und auf einen elektrischen Antrieb umsteigen. Bei E-Bussen lohnt sich die Anschaffung mehr als bei E-Autos, da sie einen besseren Wirkungsgrad haben (=mehr Menschen benutzen diese). Für das Problem der Aufladung habe ich zwei Lösungsansätze: Zum einen Solarpanels auf dem Dach der Busse und zum anderen spezielle Standflächen für Busse, mit denen sie in kürzester Zeit aufgeladen werden können. Dies funktioniert mit einem Turbo-Ladegerät auf einer abgesicherten Kontaktfläche unterhalb des Busses (wie in der Skizze). Diese Ladeflächen gibt es dann in den Bereichen, in welchen die Busse für eine längere Zeit stehen müssen (Endstationen, Bahnhöfe und Busparkplätze).

Außerdem sollte man den Umstieg auf erneuerbare Energien beschleunigen, da in Zukunft wesentlich mehr Energie gebraucht und ansonsten der Umwelt noch mehr geschadet wird. Man hat es schon in den Lockdown-Zeiten gesehen, da die Menschen mehr Zeit an den elektronischen Geräten verbracht haben als zuvor. Die Energieketten müssen dabei aber sicher vor Hackern sein, da diese sonst leichtes Spiel hätten, eine Stadt in Aufruhr zu versetzen. Generell sollte man für alles ein umfassendes Backup bereithalten, da man sich dann nicht von der Technik und somit auch dem Ausfall dieser abhängig macht. Im besten Fall übernimmt das Backup sofort, ohne, dass wir es als Bürger merken. Dabei sollte aber automatisch eine Fehlermeldung an die jeweiligen Verantwortlichen gesendet werden.

Ich wünsche mir zudem eine Politik, die auch ihre Wahlversprechen hält und dabei noch an die Folgen ihres heutigen Handelns für die Zukunft denkt. Auch wenn die Parteien sich scheinbar jetzt für die Umwelt und die Zukunft einsetzen wollen, hat man in der Vergangenheit und Gegenwart gesehen, dass es meist nur leere Versprechungen sind. Denn, sobald es ein anderes Problem gibt (z.B. Corona), hatte man den Umweltschutz zeitweise vergessen und war zur Tagesordnung übergegangen. Das hat mich sehr verärgert, da es ein Problem ist, dass uns auch in Zukunft beschäftigen wird. Ich gebe zu, dass die Politik schon einiges getan hat, um den Klimawandel etwas zu verlangsamen, aber es war meiner Meinung nach nicht genug. Ein richtiger Handlungsansatz wäre es, Produkte zu subventionieren, die dabei helfen, die Umwelt zu schützen. Ein Beispiel hierfür wäre nachhaltige Kleidung, die erstens langlebig ist und zweitens keine giftigen Chemikalien enthalten darf, die das Grundwasser, Tiere und Pflanzenwelt vergiften. Mein Beitrag zum Schutz der Umwelt wäre also, nachhaltige Kleidung zu kaufen und auf Fast Fashion gänzlich zu verzichten. Die Politik kann dabei helfen den Vorgang zu beschleunigen, sodass es attraktiver wird nachhaltige Produkte zu kaufen.

Ein wichtiges Thema für mich als Schülerin ist das veraltete Schulsystem. Das hat man vor allem in den Homeschooling-Zeiten besonders deutlich gemerkt. Technisch versierte Lehrer sind eher die Ausnahme. Eigentlich heißt es ja, dass die Schule dich auf das selbstständige Leben als Berufstätige vorbereitet. Aber das System versagt hierbei komplett. Das Problem ist nämlich, dass viele junge Schulabsolvent*innen überhaupt keine Ahnung haben, was sie nach der Schule machen wollen. Zu erwähnen ist auch noch das fehlende Wissen, wie man seine Steuererklärung macht geschweige denn, wie man sich anderweitig im Alltag zurechtfindet (z.B. der richtige Umgang mit Geld).

Generell würde ich mir eine tolerantere Gesellschaft wünschen, die nachhaltiger und entschleunigter lebt, als wir es heute tun. Der Dauerstress in Schule und Arbeit löst bei vielen Menschen eine Depression oder ein Burnout aus. Deshalb frage ich mich immer wieder: Warum machen wir uns absichtlich kaputt? Wir sollten uns darum gesünder und regionaler ernähren und auf Slow Fashion setzen. Damit können wir die Umwelt entlasten, da die ganzen Chemikalien von der Fast Fashion-Industrie nicht mehr ins Grundwasser kommen können. Zusätzlich profitiert unsere Gesundheit und es werden keine Menschenrechte mehr verletzt, da man keine Menschen mehr ausbeutet.

7 Beiträge in der Altersgruppe 18 Jahre

1. Beitrag – 18 Jahre

Freitag, 18. Juni 2021

So, jetzt ist es geschafft. Heute war Notenbekanntgabe der Abiturprüfungen und endlich habe ich es hinter mir. Ich bin froh, dass alles so glatt gelaufen ist und der ganze Stress ein Ende hat. Gleichzeitig bin ich auch ein bisschen traurig, dass die zwölf Schuljahre jetzt vorbei sind. Auf einmal steht man vor neuen Herausforderungen und es gibt zahlreiche Entscheidungen, die getroffen werden müssen. „Wie soll meine Zukunft aussehen?" ist dabei wohl die entscheidende Frage. Natürlich heißt das auf der einen Seite, dass ich mir überlegen muss, welche Ausbildung oder welches Studium ich machen möchte. Auf der anderen Seite bedeutet das aber auch, jetzt wo ich wieder mehr Zeit dazu habe, mich mit Themen auseinanderzusetzen, die uns alle betreffen und für die Zukunft von jedem, egal ob alt oder jung, bedeutend sind. An vorderster Stelle steht hier für mich der Klimawandel und daraus resultierend der Klimaschutz. Beide Themen sind sehr aktuell und von größter Dringlichkeit. Niemand hat es verdient, aufgrund von Klimaveränderungen seine Heimat verlassen zu müssen. Wasserknappheit, Nahrungsmangel und der ansteigende Meeresspiegel sind aber immer öfter der Grund, weshalb Menschen flüchten müssen. Dabei sind die Hauptverursacher des Klimawandels nicht etwa die Länder, aus denen die Klimaflüchtlinge stammen. Nein, es sind die großen Industriestaaten, die für den hohen Ausstoß an Treibhausgasen und somit für den Klimawandel verantwortlich sind. Fairness ist hier also überhaupt nicht mit im Spiel. Mir ist wichtig, dass Industriestaaten endlich Verantwortung übernehmen und Solidarität zeigen. Es muss nationale und internationale Klimaziele geben, die Maßnahmen beinhalten, den Klimawandel bestmöglich aufzuhalten.

Neben politischer Tätigkeit bedarf es meiner Meinung nach aber auch eines umweltbewussteren Handelns in unserer Gesellschaft. Dazu müssen sich bestimmte Werte und Normen ändern, sodass Klimaschutz zu einer Selbstverständlichkeit wird. Ich denke, dass es sehr hilfreich sein kann regelmäßig mit seiner Familie oder Freunden über dieses Thema zu reden. Der Austausch und die Weitergabe von Informationen könnten das Umweltbewusstsein erhöhen und somit den Klimaschutz stärken. Eine andere Idee wäre es, Klimaschutz und Nachhaltigkeit auch zu unterrichten. Ein eigenes Schulfach dafür wäre sicherlich ein großer Schritt nach vorne. Denn je früher Kinder mit dem Klimawandel und dessen Folgen vertraut gemacht werden, desto eher könnte sich eine Veränderung und Ablegung „klimaschädlicher Verhaltensweisen" abzeichnen.

Ich will mich auf jeden Fall weiterhin für den Klimaschutz einsetzen und auch persönlich mithelfen. Wenig Fleisch zu essen und wenn möglich immer das Fahrrad, anstatt das Auto zu benutzen, sind zwar nur kleine Beiträge, aber wie sagte Morgan Freeman so schön: „Wie retten wir die Welt? Mit vielen kleinen guten Taten."

2. Beitrag – 18 Jahre

Kunst – mehr als nur ein Augenblick

Wenn man mal nichts Besseres zu tun hat, vielleicht an einem verregneten, grauen Sonntagnachmittag im Herbst, und das Smartphone oder die PlayStation doch mal zu langweilig geworden sind, dann geht man ins Museum oder wird vielmehr von seinen Eltern dorthin mitgeschleift – zumindest als Angehöriger „meiner Generation", der *Generation Z*. Und wenn man schließlich da ist, gibt es Gemälde zu betrachten: Bilder, die sich nicht mal mehr bewegen können – beinahe unvorstellbar in der heutigen Zeit. Das alles scheint auf den ersten Blick wahnsinnig altmodisch. Irgendwo habe ich mal gelesen, dass der Standard-Museumsbesucher sich im Durchschnitt zwölf Sekunden für die Betrachtung eines Ausstellungsstückes Zeit nimmt. Wie viel wird es wohl noch bei einem Jugendlichen sein?

Vermutlich nicht mal fünf. Auf ein unbewegtes Objekt oder Gemälde zu starren ist eben nicht so intuitiv, wie einen Film anzusehen. Und selbst beim Heimkino wird man heutzutage schon zwischendurch vom Handy abgelenkt. Dennoch lohnt es sich und ist bei näherem Hinsehen auch gar nicht mehr so langweilig, sich die Zeit zum Betrachten eines Werks zu nehmen.

Zuerst einmal sollte man sich vor Augen führen, dass nicht nur Angehörige der *Gen-Z* mit dem Problem, die Aufmerksamkeitsspanne eines Goldfischs zu haben, konfrontiert sind. Auch die Generation meiner Eltern und in den Anfängen bereits die meiner Großeltern haben nach und nach, durch fortschreitende technische Entwicklungen und immer weiter anwachsenden Konsum, den Sinn für das genaue Ansehen verloren.

Aber das ist nun wirklich kein Statement gegen den technischen Fortschritt. Worauf ich bloß aufmerksam machen möchte ist, dass blinkende Lichtchen, schrille Geräusche und bewegte Bilder eine ganz und gar natürliche Ablenkung für den Menschen sind. Auf biologischer Ebene sind wir dafür geschaffen, Bewegungen zu rezipieren und auf sie zu reagieren, das ist und war schon immer überlebenswichtig. Daher lässt sich auch erklären, warum es uns Menschen viel leichter fällt, uns auf bewegte Kunstformen, wie z. B. die Musik, das Schauspiel oder die Filmkunst zu fokussieren. Da passiert was, da ist ständig „action" angesagt.

Bei der unbewegten Kunst verhält sich das hingegen anders. Sie ist auf den ersten Blick betrachtet einfach nur starr. Gut, da gibt es Farben und Muster, aber für einen Menschen des 21. Jahrhunderts wirken solche unbewegten Reize oft nur noch sehr abgeschwächt. Man muss die klassische Museumskunst also „anders sehen" – aber wie? Lass mich bildende Kunst mit Literatur vergleichen, Gemälde mit Buch. Es braucht seine Zeit, einen Roman auszulesen. Manch einer ist dabei schneller, ein anderer langsamer. Bei Literatur lässt sich, im Gegensatz zur Musik und zum Theater, das Tempo, in dem Bilder vor dem inneren Auge entstehen, selbst bestimmen. Das Lesen lässt uns die Zeit, eigene Bilder im Kopf zu entwerfen. Es sind nie dieselben, die der Schriftsteller sich erdacht hat – zumindest weiß man als Normalsterblicher nicht, was in den Köpfen anderer Menschen genau vor sich geht. Nun, ein Gemälde „funktioniert" genau andersherum wie ein Text. Der Maler fasst seine Gedanken in Pinselstriche und Farbe, anstatt in Worte, aber es gibt bei ehrlichen Künstlern immer eine Idee, eine Geschichte hinter der Arbeit. Welche Nuancen, welche Details dort vorhanden ist, weiß kein Betrachter, genau so wenig, wie der Leser weiß, welche Welten sich dem Autor beim Schreiben eröffnet haben. Und doch sind sie da und im Gefühl klar zu erfassen, wenn man sich darauf einlässt. Das Gemälde führt den Sehenden in eine andere Welt, es nimmt ihn an die Hand, aber zwingt ihn zu keinen festgelegten Vorstellungen. Der Museumsbesucher muss sich mitnehmen lassen, indem er kreativ betrachtet, so als würde er ein Buch lesen. Ja, das aufmerksame Ansehen ist gedankliche Welten-Schöpfung selbst. Und immer wieder kann der Betrachter wie der Leser in seine selbst erdachte Welt zurückkehren, dort verweilen und sich vom schnelllebigen Alltag der gegenwärtigen Gesellschaft erholen. Schließlich macht mit etwas Übung auch das Lesen an sich Spaß! Wir sehen also: Kreatives Betrachten erfordert Konzentration.

Konzentration, die in einer dauerhaften Ablenkungs-Kultur nur schwer zu meistern ist. Aber freilich hat der Mensch einen überragenden Vorteil: er ist ein Abenteurer. Wollen wir wirklich verborgene Welten in ihren Bilderrahmen schlummern lassen? Wollen wir nicht aufbrechen, auf eine Expedition in ein unbekanntes Land? Ja, eine riesige, unbekannte Welt voller fremdartiger Daseinsformen und versteckter, atemberaubender Landschaften? *Wir Wanderer* über dem Farbenmeer auf dem Weg durch die Geschichte! Der Pfad wird für manch einen hart und steinig, doch der Blick in die Ferne macht uns umso neugieriger und abenteuerlustiger. Und die Reise, meine Freunde, dauert mehr als nur einen Augenblick.

3. Beitrag – 18 Jahre

Wir sind Menschen und keine Objekte!

„Ey Baby zeig mal Titten", „Bleib mal stehen Süße", „Geiler Arsch, alter". Ein paar Beispiele aus einer Vielzahl von Sexistischen Kommentaren, mit denen Frauen und junge Mädchen beinahe täglich belästigt werden. Oftmals bleibt es aber nicht nur bei catcalling, sondern geht bis zu sexuellem Missbrauch und Übergriffen. Kaum jemand spricht über den alarmierenden Fakt, dass fast jede zweite Frau schon einmal Opfer sexueller Belästigung wurde. Zu sexueller Belästigung gehört lange nicht mehr nur unwillentlich berührt zu werden, sondern auch das Anhupen aus dem Auto eines männlichen Fahrers oder das willkürliche Schicken von Nacktbildern. Auch will keine Frau die sexuellen Fantasien des Mannes aufgezwungen bekommen oder durch musternde Blicke nur auf den Körper und das vielleicht knappe Outfit reduziert werden. Nur weil das männliche Geschlecht aufgrund einer von der Natur gegebenen breiteren Statur überlegen erscheint, haben Männer kein Recht Frauen wie Objekte zu behandeln. Ein Kleidungsstück, wie etwa ein knapper Rock oder ein Oberteil mit Ausschnitt, ist keine Einladung unangebrachte Kommentare loszulassen oder übergriffig zu werden. Eine schöne Figur zu haben oder einfach nur ein schönes Gesicht, ist keine Legitimation für derartig unangebrachtes und ekelhaftes Verhalten. Den meisten ist bestimmt nicht bewusst wie weitreichend Frauen durch sexuelle Belästigungen beeinflusst und verändert werden. Ein sexistischer Kommentar oder eine ungewollte Berührung ist nicht nur ein Kommentar oder eine Berührung. Nein, es bleibt für immer im Gedächtnis, es überkommt einen immer und immer wieder eine Welle von Angst und schürt Misstrauen gegenüber anderen Menschen, die nie eine böse Intension hatten. Es wird unvorstellbar einen Abendspaziergang zu machen ohne sich jede zwei Minuten nach hinten umzukehren, um sicher zu gehen, dass man nicht verfolgt wird oder irgendeine andere menschliche Gefahr lauert.

Man überlegt sich dreimal das Sommerkleid in die Stadt anzuziehen, weil man eigentlich jeglichen sexistischen Kommentaren entgehen will und nicht wieder von Angstgefühlen überrollt werden will. Man überlegt sich dreimal den Hinterausgang im Fitnessstudio zu nehmen, aus Angst wieder den düsteren Gang entlang rennen zu müssen, weil man die Einladung eines kuriosen Mannes in dessen Auto einzusteigen abgelehnt hat.

Damit sollte Schluss sein. Wir sollten ohne überlegen zu müssen, all das anziehen können was wir wollen. Wir sollten ohne Angst haben zu müssen, nachts alleine raus gehen können und alle Hintereingänge benutzen können die wir wollen. Vielleicht ist manch eine Frau einem Mann körperlich unterlegen, aber dennoch sind beide Geschlechter gleichgestellt und genau deshalb kann man, wie von jedem anderen Mitmenschen auch, einen respektvollen Umgang erwarten. Behaltet eure Gedanken, Finger und Bilder eurer Genitalien für euch und verhindert so die Verstörung, Traumatisierung und Verängstigung vieler Frauen und junger Mädchen. Wichtig zu erwähnen ist natürlich, dass nicht alle Menschen, die sich dem männlichen Geschlecht zugehörig fühlen, jemals Täter waren. Jedoch bleibt der Fakt, dass beinahe jede zweite Frau schon einmal Opfer wurde schockierend und darf nicht einfach so hingenommen werden. Die Akzeptanz in der Gesellschaft für sexuelle Belästigung ist leider noch viel zu groß. Genau deshalb braucht dieses Thema viel mehr Aufmerksamkeit. Frauen und jungen Mädchen muss gezeigt werden, dass sie damit nicht alleine sind und für sich selbst einstehen können und auch sexuelle Belästigungen in Alltag und Medien zur Anzeige bringen können. Nur so ist ein Umdenken von der Frau als Objekt zum Menschen möglich.

4. Beitrag – 18 Jahre

Gedanken zu meinem Leben in einer (hoffentlich liberalen) zukünftigen Gesellschaft – ein Tagebucheintrag
#offenheittoleranzvielfalt #glaubensneutralität

Im heutigen Sozialkundeunterricht haben wir das Thema „Flüchtlingspolitik und ihr weiterer Verlauf" behandelt. In diesem Rahmen sind wir auf viele Problemfelder im Bereich „Integration" und „Akzeptanz in der Bevölkerung" gestoßen. Denn in den vergangenen Jahrzehnten kamen viele Menschen anderer Herkunft mit ihrer eigenen Kultur, sowie ihrer Religion, nach Deutschland und das spaltete die Meinungen innerhalb der Gesellschaft: „Was wollen diese ganzen Menschen hier? Wir können sie nicht brauchen. Ihre Kultur und ihre Religion sind mir nicht geheuer." oder „Diese Menschen brauchen Unterstützung. Ich will ihnen helfen und nicht zusehen, wie verfolgte Menschen weiter leiden müssen." Diese verschiedenen Ansichten können viele Ursachen haben.

Auf religiöser Ebene betrachtet soll der Christen-Mensch offen auf seinen Nächsten zugehen und ihn lieben wie sich selbst. Der Christ, der allerdings seinen Glauben als den einzig wahren empfindet, stößt vielmehr mit Feindseligkeit zu den Andersgläubigen. Da das Christentum die am meisten verbreitete Glaubensrichtung in Deutschland ist, gleichen Moral und Kultur sehr der christlichen Meinung.

Auch unabhängig von Konfession und Moral finden Menschen Gründe, die Kommenden unterschiedlich zu beurteilen. Der klischeehafte, typische Deutsche/ Europäer fürchtet um seine eigenen Ressourcen und sieht im ausländischen Mitbürger den Angreifer auf Recht und Eigentum und will sich durch abwehrende Haltung schützen. Diese Angst wird durch rechte Parteien leider erfolgreich vertieft und findet besonders in der sozialen Unterschicht Zuspruch. In der sozial höheren Schicht sind diese Befürchtungen weniger zu finden.

Auch Kinder und Jugendliche bilden sich bereits eine Meinung zu der aktuellen Situation, begründet aus ihrem sozialen Umfeld, das aus Familie, Freunden und Bekannten sowie digitalen Medien besteht.

Also können wir gar nichts gegen die soziale Spaltung zur Integrationsfrage tun?

Doch, denn meiner Meinung nach hat Schule den Auftrag, unsere Kinder zu mündigen, toleranten, kreativen, meinungsfreien Bürgern zu erziehen und diesen erfüllen deutsche Schulen nur teilweise bis gar nicht. Denn in der Mittelstufe der weiterführenden Schule haben die meisten Schüler*innen bereits eine feste Meinung zu Gesellschaftsformen und -normen und lassen sich darin auch kaum beirren. Um etwas zu verändern, muss man früh anfangen. Und warum traut man bereits Grundschüler*innen der ersten Klasse einen religionsspezifischen Unterricht zu, während einende Gedanken und soziale Kompetenzen nur teilweise gefördert werden? Meiner Meinung nach ist ein religionsspezifischer Religionsunterricht, der meist kulturlastig nur die Interessen der katholischen Christen behandelt, nicht mehr zeitgemäß. Denn obwohl man natürlich kritisieren kann, dass es in ländlicheren Regionen meist keine Angebote für Andersgläubige oder Atheist*innen gibt, spaltet der spezifische Religionsunterricht die Kinder bereits strikt in ihre Glaubensrichtungen und vermittelt ihnen das Gefühl anders zu sein und deshalb keine Zusammengehörigkeit empfinden zu können.

Um dies zu vermeiden, schlage ich daher für die Zukunft einen konfessionsneutralen Gemeinschaftsunterricht vor, in dem junge Menschen lernen, gemeinsam in der Gruppe zu interagieren, aufeinander zuzugehen und Vorurteile abzulegen und stattdessen Menschenkenntnis zu erlernen. So können bereits Kinder lernen, ihre eigene Meinung zu bilden und diese aufgrund eigener Erfahrungen zu begründen. So kann man frühzeitig unbegründetem Antisemitismus vorbeugen und die Jugend zu frei denkenden, toleranten Menschen erziehen, die ihre Entscheidungen nach edlen europäischen Werten fällen und diese zweifellos vertreten.

„Nichts ist so beständig wie der Wandel.", so äußerte sich bereits Heraklit von Ephesus (520 – 460 v. Chr.) in der Antike. Und auch heute noch befindet sich Deutschland, wie die ganze Welt, im Wandel. Aus diesem Grund muss sich auch der Religionsunterricht an Schulen wandeln, damit eine Gesellschaft mit positiven, gemeinschaftsorientierten Werten entstehen kann.

Jetzt kann natürlich kritisiert werden, dass durch die vorgeschlagene Methode die individuellen Religionen und die damit verbundenen Kulturen ausgelöscht werden. Aber Deutschland soll natürlich kein China 2.0 werden, sondern lediglich eine offenere, tolerantere Gesellschaft.

Daher ist es besonders wichtig, dass weiterhin konfessionsspezifische Unterrichtsmöglichkeiten erhalten bleiben, die von der Schule und in den Wohnorten bzw. Städten ermöglicht werden müssen. Auf diese Weise kann nach Bedarf viel präziser auf die Bedürfnisse der jeweiligen Gläubigen eingegangen werden und Glaubensfragen können viel persönlicher nähergebracht werden. Dabei sollte allerdings der Leitsatz der Toleranz gegenüber andersgläubigen Mitmenschen im Vordergrund stehen.

Wäre vielleicht das Konzept des französischen Laizismus ein sinnvoller Ansatz?

Darin sehe ich eine Möglichkeit, Deutschland langfristig toleranter, vielfältiger und schöner zu gestalten. So kann gegenseitige Achtung ermöglichen, dass Synagogen, Moscheen und andere Gebetshäuser ohne Tarnung in Deutschland existieren können und kein Gläubiger fürchten muss, aufgrund seiner Konfession bedroht oder benachteiligt zu werden.

Ich hoffe, diese Form des Unterrichts kann in naher Zukunft eingeführt werden und so das Leben miteinander schöner gestalten.

5. Beitrag – 18 Jahre

Lasst uns reden

Wir leben auf einem Kreisel. Einem Kreisel, der sich immer schneller um die eigene Achse dreht, einem Kreisel, dessen Geschwindigkeit sich paradoxerweise nur zu erhöhen scheint. Hoch lebe der Fortschritt, hoch lebe unsere Zeit voller Friede, Freude, Eierkuchen. Das Morgen ist heute schon in greifbarer Nähe und strahlt uns mit der Kraft tausender faszinierender Sonnen entgegen, die nur darauf warten erforscht zu werden.

Doch vergisst man in diesem förmlichen Sturm der Veränderung auch gerne mal, dass das Alte, Traditionen und Werte, ebenso bedeutend sein kann wie die Zukunft.

Sicher, das Klima muss geschützt werden, wir müssen laut sein und demonstrieren, wir müssen die Bedrohung ernstnehmen. Wir müssen die Identität unserer Mitbürger akzeptieren, egal wie befremdlich sie in Hinsicht auf Kultur, Geschlecht oder Sexualität auch erscheinen mag. Wir müssen politisch aktiv sein, wir müssen stürmisch sein, wir müssen unsere Meinung sagen und wir müssen gehört werden.

Aber das alles natürlich nur im Rahmen unserer Tradition, unserer rechtschaffenen und fairen Ideale. Die Grundrechte, die Meinungsfreiheit, die Gleichberechtigung eines jeden sowie die Gleichheit vor Gericht. Wir müssen sicherstellen, dass im Laufe dieses verschärften Generationenkonfliktes, der sich zu bilden scheint, diese Werte nicht verloren gehen, dass sich die verschiedenen Gruppen nicht einander in irgendeinem dieser Attribute überlegen fühlen. Man muss sich gegenseitig respektieren. Beide Seiten, nicht nur eine. Einfach mal raus aus der Blase, in der man sich normalerweise befindet, und die trockenen Fakten betrachten. Sich unabhängig informieren, eigene Recherchearbeit anstellen. Den Leuten zuhören, die man normalerweise als seine Feinde betrachtet.

Allerdings kann das nur schwer funktionieren, solange die Kommunikation nicht auf einer Ebene stattfindet. Es ist sinnlos, dass ein Haufen junger Menschen auf die Straße geht, um seine Meinung zu äußern und die Antwort dann in Form eines zurechtgeschnittenen Interviews im Fernsehen erscheint. Wir brauchen eine Plattform, auf der ein tatsächlicher Dialog entstehen kann. Politische Jugendorganisationen sind ein erster Schritt, aber sogar von Gleichaltrigen werden sie in ihrem derzeitigen Stadium eher belächelt als geschätzt. Denn irgendeinen Einfluss, irgendeine Relevanz im politischen Sinne haben sie nicht. Von dem gewünschten Instrument der Kommunikation zwischen Generationen sind sie weit entfernt. Da bringt es schon mehr, wenn Greta Thunberg auf wichtigen Kongressen eine Rede halten darf. So etwas muss gefördert werden: Austausch auf einem Level, nicht schlussendlich bedeutungslose und uneffektive Zugehörigkeit zu einer parteigeprägten Jugendgruppierung. Wobei Letzteres in einer positiven Variante durch Ersteres erreichbar ist. Man wird sich noch wundern, wie sehr der Zuwachs am politischen Interesse der jüngeren Generation ansteigt, wie viel häufiger man auch U40-jährige in unseren Parteien sieht, wenn wir Jugendlichen endlich das Gefühl bekommen, etwas verändern zu können. Das Falsche zum Richtigen hin verändern können. Und deshalb dürfen auch wir den Respekt vor unseren Eltern und Großeltern nicht vergessen. Wir haben vielleicht das Verständnis für dieses globale Zeitalter, für das Internet, für eine völlige neue Form der Selbstentfaltung – die teilweise schon spirituelle Züge annimmt – aber schlussendlich fehlt uns doch die Erfahrung. Es sollen die Jungen sein, die mit frischer und unverbrauchter Energie, mit hohem Mut und voller Tatkraft das Schiff über den Ozean steuern, sie geben die Richtung an. Aber es sind die Alten, die ihnen erklären müssen, wie man die Ruder bedient, wie und wann man die Segel hisst und wann man sie wieder einfängt.

Darum ist der Dialog so wichtig. Also:
Lasst uns reden.

6. Beitrag – 18 Jahre

Liebes Tagebuch,

revolutionäre Ideen entstehen doch häufig aus kleinen Dingen. Ich denke, wie du ja weißt, oft über die Politik nach, über den Klimawandel, die Wohnungsnot, meine Zukunft, was ich alles ändern will, aber doch sehr selten, *wie* ich es ändern würde. Ich hätte gerne den Lobbyismus abgeschafft und stattdessen einen neutralen Rat aus unabhängigen, dem Staat verpflichteten Wissenschaftlern und Experten eingesetzt, wie es sogar schon einige fordern. Aber wer kann schon wirklich prüfen, ob die auch neutral bleiben? Mal ganz davon abgesehen, dass dieser Schritt viel zu groß ist, als dass man ihn durchsetzen könnte, es würde viel zu tief in unser System eingreifen. Ich würde gerne sämtliche Industrien dazu verpflichten, für die Entsorgung ihres Mülls verantwortlich zu sein. Denn wenn die Atomkraftwerke für die Lagerung des Atommülls selbst zahlen hätten müssen, dann wäre niemand auf die Idee gekommen, mit Kernkraft ein lukratives Geschäft zu machen. Aber auch hier wäre die Umsetzung fast unmöglich, zu viel Widerstand, zu viele wirtschaftliche Interessen.

Genauso wie Deutschland auch nicht einfach seine Beziehungen mit China und Russland abbrechen kann so sehr ich mir das wünschen würde, aus ethischen Gründen genauso sehr, wie aus Sicherheitsbedenken. Politik ist leider nicht so einfach, auch wenn sich das meiste auf den ersten Blick einfach anhört. Ich hatte viel Zeit nachzudenken, hatte viele Ideen und keine davon war realistisch.

Wie du ja siehst beschäftigt mich vieles, manchmal gibt es Momente, in denen ich regelrecht verzweifle. Nichts mehr als der Klimawandel und die Umweltverschmutzung. In Sachen Erderwärmung steuern wir gerade mit 180 Sachen gegen die Wand. Es werden große Ideen geschmiedet, auf 1,5 Grad wollen wir die Erwärmung beschränken. Bei all diesen großen Ideen sollte aber meiner Meinung nach nicht das Kleine vergessen werden. Dabei wird nicht selten der Appell an die Bevölkerung gestellt. Wie die japanische Künstlerin Yoko Ono selbst gesagt hat: „Jeder Tropfen im Ozean zählt". Wir sollen uns umweltbewusst verhalten. Das ist schön gesagt, wird aber selten getan. Menschen mögen es nun mal gerne bequem. Wir wollen Komfort, wir wollen uns nicht anstrengen und wenn wir erst einmal einen gewissen Lebensstandard erreicht haben, wollen wir den nicht mehr loslassen. Das ist vielleicht auch die Hauptursache, weshalb wir jetzt vor diesem Problem stehen. Um unser Bedürfnis nach Bequemlichkeit zu stillen nehmen wir mehr als wir sollten. Wir sollen unseren inneren Schweinehund besiegen. Dass das ein vielleicht zu optimistisches Menschenbild ist, das weiß ich selbst. Erst gestern habe ich mir die Packung Ferrero Rocher gekauft, obwohl ich genau weiß, was für ein unnötiger Verpackungsmüll das ist. Ein schlechtes Gewissen hatte ich schon, getan habe ich es trotzdem. Ich würde ja gerne klimaneutral einkaufen, mich ökologisch richtig verhalten, mich dann aber über die Produkte zu informieren mache ich nicht. Das ist viel zu umständlich. Dabei ist nicht alles ganz so nachhaltig wie es aussieht. Nicht selten kommt es vor, dass ich mit Bioabzeichen zertifizierte Früchte sehe, die aber aus Südamerika kommen. Die sind so weit von Klimaneutralität entfernt, wie der Himmel von der Erde, nämlich 9.148 km mit dem Flugzeug, macht über 3 Tonnen CO_2 pro Flug. Darüber denkt man beim Einkaufen meistens nicht nach. Es ist leicht wegzusehen und sich gut zu fühlen, wenn man etwas mit der Aufschrift „Bio" kauft, auch wenn das betroffene Siegel, wie so viele andere auch, viel zu laxe Regulationen hat.

Damit wir uns aufraffen und etwas tun, muss der Staat selbst mit Regeln eingreifen. Mit wohlgemerkt kleinen, aber wichtigen Verboten. Ansonsten sind wir zu bequem. Dass das gut funktioniert wurde mit dem Plastiktütenverbot bewiesen. Vielleicht erinnerst du dich noch. Seitdem sehe ich keine Plastiktüten mehr, weder in den Märkten noch auf der Straße. Der Verbrauch ist im Vergleich zu 2015 um bis zu 70% gesunken. Vorher war es einfach, sich mal so eben eine Plastiktüte mitzunehmen, genauso, wie der Mensch es haben will, jetzt ist es ebenso einfach ohne auszukommen. Es ist nun mal verboten und wir sehen: So ein großer Eingriff war das doch gar nicht.

Und da kam mir mitten im Einkauf eine Idee. Es wird doch viel über eine Lebensmittelampel geredet, bei den Grünen steht sie sogar im Wahlprogramm. Wieso schafft man nicht eine Umweltampel an? Genauso wie die Märkte verpflichtet worden sind, Plastiktüten abzuschaffen könnten die Hersteller sämtlicher Lebensmittel dazu verpflichtet werden, ihre Produkte nach ökologischen Kriterien zu bewerten. Dabei sollte es zwei Spalten geben. Eine, die die Lebensmittel nach ökologischen Attributen untersucht, wie der Einsatz von Pestiziden, artgerechte Haltung, Gentechnikverbote, höchstzulässige Anzahl von Tieren pro Hektar und dergleichen, wie sie die Voraussetzung für die meisten Biosiegel sind. Die andere Spalte sollte die Klimaverträglichkeit beachten, wie auch der Einbezug der Transportemissionen. Die Ampel sollte auf sieben Stufen verteilt von sehr gut (grün = Ökologischer Fußabdruck entspricht einer Erde) zu sehr schlecht (dunkelrot = Ökologischer Fußabdruck entspricht fünf Erden) verlaufen. So viele Abstufungen sind meiner Meinung nach nötig, um die Bewertung nicht zu oberflächlich zu halten. Dabei sollte unter dem Ampelschild auch groß gedruckt das Herkunftsland beziehungsweise der Landkreis angegeben sein. Diese Umweltampel sollte in jedem Supermarkt am Produkt gut lesbar mit angegeben sein. Dass die Kriterien auch eingehalten werden, sollte mit Stichproben vom Umweltamt und Gesundheitsamt geprüft werden, wobei Großkonzerne im Vergleich zum kleinen Bioladen im Dorf natürlich häufiger kontrolliert würden.

Wir Menschen sind bequem und so eine Ampel ist leicht verständlich, wir müssen nicht im Kleingedruckten lesen. Und wenn die Ampel einheitlich eingeführt ist, haben wir nicht mehr das Problem der unzähligen Biosiegel, denen keiner so genau ansieht mit welchen Kriterien sie eigentlich arbeiten und wie streng sie dabei sind. Dabei hat die Ampel noch einen weiteren hübschen

Nebeneffekt: Wir Menschen leben nicht nur gerne bequem, wir wollen uns auch gerne gut fühlen, die moralische Höhenlage haben. Wer einkaufen geht und dabei nur Grün in seinem Wagen hat, geht gleich mit einem leichteren Gewissen nach Hause als jemand, dem das Rot entgegen leuchtet. Dabei stelle ich mir folgendes Szenario vor:

„Der deutsche Durchschnittskunde steht an der Schlange vor der Kasse an. Gelangweilt sieht er sich um. Dabei fällt sein Blick auf den Inhalt seines Einkaufwagens und er spürt schon wie es ihm kalt den Rücken herunterläuft. Bis oben an den Rand gefüllt starren ihn seine Einkäufe schon fast anklagend an, fast alle sind sie rot markiert. Er spürt schon die kritischen Blicke der Anderen, bildet er sich das nur ein oder zieht die Kassiererin ihre Augenbrauen hoch? Das nächste Mal will er es besser machen. Nächste Woche wieder, dieses Mal hat er absichtlich grün markierte Marken gewählt, die neue Umweltampel, die der Staat neulich eingeführt hat macht es ja sehr leicht, den ökologischen Fußabdruck einzuschätzen. Wieder steht er an Kasse. Doch dieses Mal ist es anders. Kein kritischer Blick der anderen Kunden, wenn überhaupt fühlt er sich dann doch ein bisschen überlegen. ER ist der Umweltbewusste. Er bezahlt und geht zum Ausgang. Über der Tür steht ein Plakat, wie es jetzt fast schon bei jedem Supermarkt der Fall ist. „Bei einem Verhältnis von zehn grünen Produkten zu einem roten verbrauchen sie nur eine Erde", steht da. „Damit liegen sie über dem deutschen Durchschnitt." Er geht mit federndem Schritt nach Hause."

Ich denke, dass man so etwas psychologische Kriegsführung nennt.

7. Beitrag – 18 Jahre

Sehr geehrte * Redaktion,

ein Thema welches mich sehr bewegt, ist die zunehmende Entfremdung von Jung und Alt. Durch Corona wurde ein alter Konflikt stark gebündelt und teils künstlich hochstilisiert, den wir schon seit Anbeginn der Zeit kennen: Der Generationenkonflikt. Unzählige Male haben Politiker darüber gesprochen, Journalisten darüber geschrieben. Auf der einen Seite ältere Menschen, denen vorgeworfen wurde, durch ihren persönlichen Lebensstil und ihre Ignoranz den zukünftigen Generationen ihre Lebensgrundlagen zu entziehen. Auf der anderen Seite randalierende Jugendliche, die Rettungskräfte verletzen und bewusst zu Hunderten feiernd, die Coronaregeln missachten. Nach solchen Berichten und Schuldzuweisungen fühlten sich nun – verständlicherweise – die betreffenden Generationen angegriffen und in ihrer jeweiligen Lebenssituation verachtet. Die Rentnerin, die ihr Leben lang hart gearbeitet hat und nun am Lebensende kaum über eine Mindestsicherung kommt sowie der Jugendliche, der sich monatelang isoliert hat, aus Sorge um die eigene Familie und den nun in der Schule Überforderung erwartet, werden sich in solcher schwarzweiß-Malerei wohl kaum wiedererkennen. Aber die Realität ist doch, schon vor Corona wurden alle diese Menschen getrieben von dem Wunsch nach Anerkennung für ihre Lebensleistung bzw. der Hoffnung auf eine gerechte Zukunft. Jede dieser Altersgruppen verdient den Respekt, dass die gesamte Gesellschaft sich um ihr Wohlergehen kümmert. Stattdessen überwog in jeder gesellschaftspolitischen Diskussion der Hang zur Klientelpolitik. Durch die oben genannten Feindbilder sind Jung und Alt emotionalisiert. Man ist nicht mehr bereit, sich mit dem anderen an einen Diskussionstisch zu setzen, weil man überzeugt ist, die eigenen Probleme werden geleugnet, zum Vorteil des Anderen. Wir dürfen uns nicht so weit voneinander entfernen, dass wir unsere Mitbürger aus dem Auge verlieren. Wir können nur dann eine bessere

Zukunft schaffen, wenn wir uns nicht in eine Fundamental-opposition begeben, die jede Kompromissfindung unmöglich macht. Ja, wahrscheinlich ist der Blick eines 80-jährigen auf die Welt ein anderer, als der eines 18-jährigen. Doch wir sind alle verbunden durch grundlegende Gerechtigkeitsvorstellungen. Jeder einzelne ist in der Verantwortung eine Gesellschaft mitzugestalten, in der niemand übergangen wird. Diese Utopie erreichen wir nur durch die Vereinigung verschiedener Narrative. Im alten Rom, eine der Wiegen unserer Zivilisation, war das bestimmenden Prinzip die mos maiorum. Man berief sich bei allen bedeutenden Fragen auf die Traditionen und Gebräuche der Ahnen, also der Menschen, denen man die eigene Kultur, sogar die eigene Existenz verdankte. Diese Verhaltensweisen waren wesentlich bedeutsamer, als dass sie nur Verklärung von Vergangenem waren. Sie umfassten labor, iustitia, pietas, fortitudo und res publicae, also jene Prinzipien, die vor über 2000 Jahren, und in gewisser Weise auch heute, un-erlässlich für Gesellschaft und Politik waren. Die Wirtschafts-wunder-Jahre nach dem Zweiten Weltkrieg waren geprägt durch einen sozialen wie wirtschaftlichen Aufstieg für breite Teile der Bevölkerung. Man lebte in der Vorstellung und berechtigten Hoff-nung, dass es den eigenen Kindern, sowie der gesamten nachfol-genden Generation, noch besser gehen wird als einem selbst.

Wirtschaftskrisen einerseits, sowie die grauenhafte Erfahrung der NS-Zeit, trugen ihren Teil dazu bei, dass sowohl die Ehr-bekundungen an frühere Generationen sowie der Glaube an zukünftigen Aufstieg nicht mehr universell gelten. Natürlich sind falsche Fortschrittsgläubigkeit genauso wie das Ausblenden von offensichtlichem (moralischen) Fehlverhalten abzulehnen. Doch wir alle brauchen ein Mindestmaß an Anerkennung vor der Leistung Älterer, die es uns ermöglicht hat in einem demokrati-schen, rechtstaatlichen Land zu leben, genauso wie die Bereit-schaft, die Zukunft mit allen zur Verfügung stehenden Mitteln zur bestmöglichen Version ihrer Selbst zu machen. Konflikte sind gut und nützlich, wenn sie dazu beitragen, einen für alle gerechten Kompromiss zu finden. Doch sie sind nutzlos und gefährlich, wenn sie den Kitt zwischen verschiedenen Gruppen eines Volkes auflösen. Wie oft wurde in Zeiten von Einschränkungen durch Corona Maßnahmen postuliert der Mensch sein ein soziales Wesen. Dies geht meiner Meinung nach aber weit über gemeinsame Partys und Verabredungen hinaus. Es betrifft das Bedürfnis nach Gemeinschaft und Zusammenhalt auch im Großen. Nur wenn wir uns einander verbunden fühlen, sind wir bereit, durch Solidarität einen Sozialstaat aufrecht zu erhalten und bei Wahlen das Gesamtwohl im Blick zu haben. In den wenigsten Fällen sind Menschen, wenn man ihnen unvoreingenommen begegnet nicht willens ehrlich zu diskutieren. Mein Aufruf lautet daher, sich nicht vorschnell moralisch über Andere zu erheben, sondern gemeinsam eine Welt, im Bund wie in der Kommune, im Kultusministerium wie in der Grundschule, zu gestalten in der man sich gegenseitig zuhört, auch über Altersbegrenzungen hinweg.

Ich selbst bin 17 Jahre alt und befinde mich in einem seltsamen Zwischenstadium. Ich darf im Moment nicht wählen und somit auch nur geringen Einfluss nehmen auf die Politik, die mich und meine Mitschüler betrifft. Diesen Herbst wird an unserer Schule die so genannte „Junior Bundestagswahl" stattfinden. Dies ist eine Art Simulation für spätere Wahlen und soll dem Zweck dienen, dass wir uns bereits jetzt mit Parteien und unseren eigenen politischen Vorstellungen auseinandersetzen. Der Einwand einiger Schüler zu dieser Junior Wahl war:

„Warum soll ich denn daran teilnehmen, das ändert doch eh nichts." Dieser Einwurf war mit so viel Resignation verbunden, die meiner Meinung nach viele Gruppen unsere Gesellschaft betrifft. Ob dieses Gefühl der eigenen Machtlosigkeit unbegründet ist oder nicht, es zeigt, dass jede Generation mit ihren Bedürfnissen wahrgenommen und gehört werden möchte.

Beitrag des IWW Jugendpreis-Gesamtsiegers 2021

Joshua Steib – 18 Jahre
Gesamtsieger Jugendpreis 2021

Brief an einen Politiker – 06.07.2021

Sehr geehrter Herr Prof. Dr. Piazolo,

während meines Praktikums bei Ihnen sowie in unserem Interview in der Evangelischen Akademie Tutzing unterhielten wir uns ausgiebig über Schulpolitik und Bildungsgerechtigkeit. Nun möchte ich mich mit einem anderen Anliegen an Sie wenden: die Einführung eines Rassismus-Projekttages, der einmal jährlich in der siebten Klasse an allen bayerischen Sekundarschulen stattfinden soll. Im Folgenden werde ich argumentieren, wieso dies nicht nur notwendig, sondern längst überfällig ist.

Eins zu eintausend: Jeder Mensch weicht im Durchschnitt nur in einem von 1000 Nukleotiden von einem x-beliebigen Mitmenschen ab. Es ist demnach wissenschaftlich erwiesen, dass die genetische Variation zwischen sogenannten Ethnien zu klein ist, um von Menschenrassen sprechen zu können. Das Paradox: Obwohl es keine Menschenrassen gibt, müssen wir über Rassismus sprechen. Im Artikel 3 des deutschen Grundgesetzes ist verankert, dass niemand wegen seiner „Rasse" benachteiligt werden darf. Und trotzdem ist Rassismus in Deutschland und Bayern nicht nur ein Einzelfall, sondern strukturell und weit verbreitet: Bei Job-Interviews, Polizeikontrollen und in der alltäglichen Sprache eines jeden einzelnen. Alltagsrassismus ist überall: Beim Einkaufen, im Fernsehen, in der Schule, in der Werbung, an der Universität, in den Nachrichten. Und im eigenen Kopf.

Sollten Sie mir nicht glauben, zeigt Ihnen ein impliziter Assoziationstest (z. B. auf implicit.harvard.edu) die eigenen Vorurteile gegen „Schwarz" schwarz auf weiß. Wir brauchen eine intensivere Auseinandersetzung mit der Thematik, um internalisierte Rassismen und Vorurteile in Sprache und Verhalten abzubauen.

Und wie schwierig es ist, Vorurteile abzubauen, wusste schon Albert Einstein: „Welch triste Epoche, in der es einfacher ist, ein Atom zu zertrümmern als ein Vorurteil."

Ein gesellschaftliches Umdenken ist nur möglich, wenn jeder zum Umdenken bereit ist – auch, wenn das heißt, seine eigene Sprache zu überdenken. Wir sollten nicht wie gleich gepolte Magnete reagieren und sofort eine Abwehrhaltung einnehmen, wenn wir auf rassistischen Sprachgebrauch hingewiesen werden. Uns muss klar werden, dass man nicht gleich ein Rassist ist, der an die „Rassenlehre" glaubt, nur weil wir diskriminierende Sprache im Alltag reproduzieren.

Wenn man Freunde, Familie oder Kollegen auf rassistischen Sprachgebrauch anspricht, fühlen sie sich, als würde eine Gießkanne voller Scham über ihnen ausgeleert werden. Sobald sie das „R-Wort" hören, denken sie, man würde eine Fliege mit einem Basketballschläger erschlagen.

Rassismus liegt nämlich größtenteils im toten Winkel der eigenen Wahrnehmung. Wir müssen kritikfähig werden, wenn es um unseren Sprachgebrauch geht, denn in einer Gesellschaft, in der rassistische Sprache gleich als solche enttarnt wird, hat der Rassismus keine Chance. Und wo kann ein besseres Umdenken stattfinden als im Rahmen eines Projekttages in einem geschützten Raum wie dem der Schule?

Dieser Projekttag soll Schülerinnen und Schülern die Möglichkeit geben, mit Personen in Kontakt zu kommen, die von Rassismus betroffen sind. Gleichzeitig sollen sie durch interaktive Übungen wie Rollenspiele lernen, einen Perspektivenwechsel zu vollziehen, um die Vielzahl, der durch den Rassismus verursachten Probleme, besser zu verstehen. Das Ziel des Projekttages ist es, Jugendliche für dieses gesellschaftliche Problem zu sensibilisieren, sie zum Nachdenken und Diskutieren anzuregen und sie schlussendlich dazu zu ermutigen, mit gutem Beispiel im Alltag voranzugehen. Die Teilnehmenden sollen einen neuen Blick auf ein – leider – altes Thema bekommen: Vom couragierten Handeln und Eingreifen bei einer akuten diskriminierenden Tat bis hin zu einer Offenheit für Sprachänderungen, um Alltagsrassismen zu vermeiden. Die Durchführung soll von ausgebildeten Coaches übernommen werden – ein Beispiel wäre Lorenz Narku Laing, der Gründer der Vielfaltsprojekte GmbH, der selbst über ein großes Netzwerk bezüglich Rassismusbekämpfung verfügt. Den Kontakt zwischen ihm und dem Kultusministerium stelle ich bei Bedarf gerne her. Außerdem wäre auch eine Kooperation mit dem Schulnetzwerk „Schule ohne Rassismus" denkbar. Unter folgendem Link finden Sie ein Beispiel eines möglichen Ablaufs des Projekttages:

https://bb-jugend.dgb.de/projekttagedemokratiecourage/++co++ed 34a3b4-3a9b-11e5-a599- 525400808b5c

Um noch einmal auf unser Grundgesetz zurückzukommen: „Die Würde des Menschen ist unantastbar" (Artikel 1). Es ist unsere Aufgabe, genau diesen ethischen Grundsatz zu erhalten und weiterzugeben. Lassen Sie uns den Projekttag gemeinsam ins Leben rufen!

Mit freundlichen Grüßen und auf ein baldiges Wiedersehen

Joshua Steib

PS.: Wenn Sie diesen Brief mit durchschnittlicher Geschwindigkeit gelesen haben, haben Sie ungefähr vier Minuten und 23 Sekunden benötigt – halb so lange wie ein rassistischer Polizist auf George Floyd kniete. Der Unterschied: Sie hätten den Brief jederzeit beiseitelegen können, Diskriminierte den Rassismus nicht.

Siegerbeiträge der Plätze 1 – 3 in der Altersklasse 15 bis 18 Jahre

Lucia Buchner – 2. Preis in der Altersklasse 17 Jahre

Vom Eichhörnchen und dem homo sapiens

Ein Eichhörnchen sammelte geschäftig Nüsse für seinen Wintervorrat, da kam ein homo sapiens des Weges. Er hatte ein Werkzeug erfunden, mit dessen Hilfe er die Nüsse säckeweise direkt von den Bäumen pflücken konnte. Das Hörnchen fragte: „Was machst du mit all den Nüssen? Ich dachte, du hältst keinen Winterschlaf." „Die bringe ich alle in meine Höhle, esse einen Teil und aus den Restlichen kann ich bestimmt noch etwas herstellen, zum Beispiel einen pflegenden Ölbrei oder Färbemittel." Das Eichhörnchen verstand diese Begründung nicht. Er brauchte diese Nüsse doch nicht wirklich, es selbst hingegen schon.

„Du machst es ja auch nicht besser!", warf ihm der homo sapiens vor. „Sammelst so viele, wie in deine Backentaschen passen." Da entgegnete das Eichhörnchen: „Ich habe aber im Winter keine andere Nahrung als diese Nüsse, und außerdem pflanze ich aus einem Teil neue Bäume, damit es jedes Jahr wieder welche gibt". Dem homo sapiens war jedoch sein Wohlstand wichtiger, zuhause zermahlte er alle Nüsse und dachte nicht an die Zukunft.

Ein Biber fällte geduldig am Ufer einen Baum. Da kam der homo sapiens mit einer Axt des Weges und begann sogleich, einen Baum nach dem anderen zu fällen. „Wofür brauchst du denn das viele Holz?", wollte der Biber wissen. „Ich glaubte, du lebst in einer Höhle!" „Ja, schon, aber ich kann daraus Dinge schnitzen, Möbel bauen und meine Höhle zu einer Sauna machen. Du fällst doch auch viele Bäume!" Da entgegnete der Biber: „Nur so viel, wie ich im Winter für den Damm und den Vorrat brauche." Das interessierte den homo sapiens nicht und er fand am Fällen und Hacken der Stämme solchen Spaß, dass am Ende des Tages kein Baum mehr auf der kleinen Insel stand.

Die noch starke Herbstsonne brannte sodann auf den nun ungeschützten Boden hernieder, viele Pflänzchen vertrockneten und die Insekten verließen die Insel.

Als der Winter hereinbrach und der homo sapiens sein Nussmus und Holz aufgebraucht hatte, suchte er nach anderen Nahrungsquellen. Es gab jedoch keine Pflänzchen mehr unter der Schneedecke, keine großen Tiere, die er jagen konnte, da sie verhungert waren und keine versteckten Insekten. „Dann muss ich die Insel wohl verlassen", folgerte der homo sapiens und machte sich daran, ein Schiff zu bauen. Aber oh Schreck, er hatte ja auch alle Bäume gefällt und verbraucht! Nun besaß er zwar eine Sauna, beeindruckende Skulpturen und Möbel, gepflegte Haut und gefärbte Haare, jedoch kein Essen mehr und nicht genug Holz, um auf das Festland zu gelangen.

Als das Eichhörnchen nach einigen Tagen kurz erwachte, um eine Nuss aus seinem Vorrat zu holen, sah es den verhungerten Menschen. „Oh weh. Er hatte es nicht verstehen wollen: Wohlstand ist nur von kurzer Dauer und nützt dir nichts, wenn du nicht auf Nachhaltigkeit achtest!"

Fiona Eder – 3. Preis in der Altersklasse 15 Jahre

Aufholprogramm für mein Leben

„Carla? Kannst du mich hören?", klingt aus meinen Computerlautsprecher. Ich schrecke auf, und schalte zögerlich mein Mikrophon an. „Entschuldigung Herr Schmidt, ich habe gerade nicht aufgepasst", murmele ich und schalte mein Mikrophon so schnell wie möglich wieder aus. Ich sehe wie Herr Schmidt, mein Mathelehrer, langsam die Beherrschung verliert. „Das ist jetzt schon die dritte Person hintereinander, die mir nicht eine Antwort auf meine Frage geben kann! Ich will, dass ihr euch konzentriert und aufpasst in meinem Unterricht und nicht vor euch hin schlaft! Carla, wir sind beim Korrigieren der Aufgabe 3, was hast du da stehen?" Ich blicke langsam auf mein Heft nieder und alles was ich sehe ist ein weißes Blatt mit einer drei drauf stehen. Ich merke, wie mich die Angst zu überkommen droht und ich atme zitterig ein und aus.

„Alles wird gut", sage ich mir in Gedanken und schalte mein Mikrophon wieder an, obwohl ich am liebsten nur stumm dasitzen würde. „Ich habe da noch nichts", sage ich. „Wie bitte", fragt Herr Schmidt. „Ich habe bei der Aufgabe 3 noch nichts", wiederhole ich diesmal etwas lauter.

„Wie kann es sein, dass du da noch nichts hast, du hattest jetzt zehn Minuten Zeit für diese Aufgabe, das ist mehr als genug. Oder bist du währenddessen eingeschlafen?", meint mein Mathelehrer leicht verachtend. Im Augenwinkel sehe ich ein paar meiner Klassenkameraden zu lachen beginnen. Ich werde rot, am liebsten würde ich einfach verschwinden. „Mit dir, Clara, will ich nach der Stunde nochmal unter vier Augen sprechen", ruft er streng, dann beginnt er beim nächsten weiterzumachen. Den Rest der Stunde kann ich mich nicht mehr konzentrieren. Die Angst kriecht langsam in mir hoch, bis ich nur noch mein viel zu schnell schlagendes Herz wahrnehme. Am Ende der Stunde bin ich so fahrig, weil ich noch mit meinem Mathelehrer reden muss, dass ich nicht mehr klar denken kann. Die unsicheren Gedanken rotieren in einer Endlosschleife in meinem Kopf.

Ich weiß, das mag jetzt für manchen unvorstellbar klingen. So ging es mir vor Corona auch, ich habe gut mitgearbeitet, hatte gute Noten und die Lehrer mochten mich. Dann kam der Lockdown und mit ihm das Homeschooling. Ich wurde unsicher, begann mehr nachzudenken, es kam dann so weit, dass ich mich nicht mehr traute, etwas zu sagen, und nicht mehr schaffte irgendwelche Aufgaben zu erledigen. Am schlimmsten ist die Angst, die mich aus heiterem Himmel zu überwältigen droht, sodass ich manchmal das Gefühl habe, nicht mehr Atmen zu können, weil sie so schwer auf meinen Schultern lastet.

Pünktlich um ein Uhr gehe ich dann mit Herrn Schmidt in die Untergruppe A, während alle andern schon aus dem Meeting Raum rausgehen. „Mir ist das bei dir leider schon öfter aufgefallen, dass du in meinem Unterricht nicht aufpasst und langsam habe ich keine Nachsicht mehr mit dir", meint Herr Schmidt. Ich weiß nicht, was ich darauf erwidern soll, deswegen bleibe ich stumm. „Ist bei dir zurzeit irgendwas los?", fragt er mich. Fast hätte ich losgelacht. Ob bei mir was los sei? Natürlich, aber ich kann es niemanden erzählen und auch ganz sicher nicht meinem Mathelehrer, zu dem ich noch nie das beste Verhältnis hatte. „Mir geht es zurzeit manchmal nicht so gut", murmele ich ausweichend. „So geht's aber jedem derzeit in der Corona-Zeit", meint Herr Schmidt und wischt dabei den kleinsten Ansatz, dass jemand versteht, wie es mir gerade geht, beiseite. „Das kannst du nicht als Entschuldigung fürs Nicht-Erledigen deiner Aufgaben benutzen. Ich will, dass du mir die Aufgabe drei bis morgen Abend geschickt hast, damit ich sehen kann, dass du sie gemacht hast! Gut, du kannst dann gehen".

Ich klappe einfach mein Notebook zu und dann spüre ich auch schon, wie mich die Tränen überkommen. Der ganze Druck und die Einsamkeit überwältigt mich, nimmt mir alle Hoffnung, dass es jemals besser wird und ich wieder die unbeschwerte Person sein kann, die ich vor Corona war. Plötzlich höre ich Schritte die Treppe hochgehen und ich wische mir schnell Tränen von meinem Gesicht und setze ein fröhliches Lächeln auf. Meine Mutter öffnet die Tür und meint:

„Hey, Mittagessen ist fertig, kommst du runter?" Ich nicke, stehe auf und folge ihr in die Küche, obwohl ich eigentlich gar keinen Hunger habe. Auch beim Mittagessen bin ich in Gedanken woanders, während sich meine Familie fröhlich über die neuen Nachbarn unterhält. Ich zwinge mich, einige Bissen von dem Essen zu nehmen, dann schiebe ich den Teller von mir und gehe hoch in mein Zimmer.

Den restlichen Nachmittag liege ich die meiste Zeit in meinem Bett und denke nach. Ich zerbreche mir den Kopf über den Moment, wo ich aufgerufen wurde und nichts sagen konnte, während meine Mitschüler über mich gelacht haben. Ich spüre die Angst vor dem nächsten Tag in mir hochkriechen, dass wieder so ein Moment wie heute passiert. Ich versuche mich zu beruhigen, abzulenken, doch letztendlich kehren meine Gedanken immer wieder darauf zurück. Irgendwann liege ich nur noch in meinem Bett, starre an die Decke und lausche meinen Atemzügen.

Eigentlich hat mir Sarah, meine Freundin, angeboten, dass wir uns doch mal treffen und gemeinsam nach München gehen können. Ich hatte auch total Lust, was mit ihr mal wieder zu machen, aber letztendlich habe ich dann doch abgesagt. Nicht wegen des infektiologischen Risikos, sondern einfach, weil ich fast eine Panikattacke bei dem Gedanken an die vielen Menschen in München bekommen habe und mir eine kleine Stimme im Kopf zugeflüstert hat, dass ich doch eh langweilig und komisch bin und sich Sarah nur mit mir aus Mitleid treffen will.

„Clara, kommst du", ruft mein Vater zu mir hoch, „die Nachrichten beginnen gleich". Ich schrecke aus meinen Gedanken auf und gehe langsam runter ins Wohnzimmer, obwohl ich am liebsten die ganze Zeit einfach im meinem Zimmer geblieben wäre. „Das Bundeskabinett hat ein Corona-Aufholprogramm für Kinder und Jugendliche gebilligt. Das „Aktionsprogramm Aufholen" mit einem Umfang von zwei Milliarden Euro soll die Folgen der

Corona- Maßnahmen für junge Menschen abmildern.", verkündet die Nachrichtensprecherin. „Das Geld sei unter anderem dazu geplant, Schülern beim Aufholen von Lernrückständen zu unterstützen." In Gedanken lache ich bitter auf. So mancher würde argumentieren, dass das doch gut und wichtig ist. Aber die Wahrheit ist, dass ich kein Aufholprogramm für Lernrückstände brauche, sondern ein Aufholprogramm für mein Leben. Jetzt wäre die Zeit, wo man den ersten Kuss, die erste Liebe und die erste Reise alleine mit seinen Freunden erleben würde. Stattdessen müssen wir alleine in unseren Zimmern bleiben und uns isolieren. Von uns jungen Leuten wird erwartet, dass wir solidarisch mit der Gesellschaft sind, doch wer ist mit uns solidarisch? Wer hilft uns, wenn wir mit Panikattacken, Depressionen und Essstörungen kämpfen? In einem Bericht habe ich gelesen, dass sich die psychische Gesundheit im Verlauf der Pandemie massiv verschlechtert hat, fast jeder Dritte sei psychologisch auffällig. Es fließen die Gelder und Hilfsmittel für die Wirtschaft, doch wer denkt an uns, die Generation Corona? Wie sollen wir all die neu aufgenommenen Schulden bezahlen können? Ganz zu schweigen von den psychischen Folgen, mit denen wir Jugendliche aus der Pandemie gehen, die uns auch noch weit in der Zukunft beeinflussen werden? „Was hältst du davon Clara?", fragt mich mein Vater. „Was ist?", murmele ich abwesend. Der Gedanke „wer denkt an uns?", hallt immer noch in meinem Kopf.

Tuana Kayra Ayata – 1. Platz in der Altersklasse 15 Jahre

Brief an einen Politiker: Zivilcourage

Sehr geehrte Damen und Herren,

seit wir in der Schule das Thema Zivilcourage behandelt haben, will es mir nicht mehr aus dem Kopf gehen. Ich hatte mich davor kaum damit auseinandergesetzt, doch jetzt wandern meine Gedanken immer wieder zu diesem Thema zurück ... Ich wusste zwar, was Zivilcourage ist, aber der Unterricht hat mir um einiges klarer gemacht, wie wichtig sie eigentlich ist. Und, dass jeder von uns mit ihr konfrontiert werden kann.

Da Zivilcourage für den Mut steht, sich für andere selbstlos einzusetzen, ist es keine große Überraschung, dass sie im Alltag öfter gefragt ist, als man vielleicht denkt. Eines der einfachsten und leider auch am häufigsten vorkommenden Beispiele ist Mobbing. Es kann überall passieren. In der Schule, in der Stadt oder im Internet. Mobbing an sich ist schon schlimm genug, aber in solchen Situationen denke ich mir: Was machen die anderen?

Schauen sie bloß zu? Lachen sie? Oder filmen sie den Moment sogar? Was ich leider persönlich feststellen musste war, dass die meisten es einfach ignorieren und die wenigsten das tun, was richtig ist: helfen!

Ich dachte immer, dass dies selbstverständlich wäre, aber ich musste schmerzlich feststellen, dass ich mich geirrt hatte. Leider. Ich kann schon verstehen, dass einige Angst haben, selber ins Kreuzfeuer zu geraten, aber für mich ist es auch eine Frage der Ehre und des Gewissens. Ich könnte so eine Situation nicht einfach ignorieren. Ich hätte schlimme Gewissensbisse.

Meiner Meinung nach sollten sich Augenzeugen in die Position des Opfers hineinversetzen. Als jemand, der schon in der Rolle des Opfers war und dies öfter, kann ich das Gefühl gut beschreiben. Unsicherheit. Das ist meist das erste was man fühlt. Diese wandelt sich dann mit der Zeit in Panik, Einsamkeit und Schmerz um. Als ich in so einer Situation war, hat mir keiner geholfen. Und diese Tatsache hat das Gefühl der Einsamkeit nur verstärkt. Zu wissen, dass die anderen mitbekommen was passiert, aber trotzdem nicht helfen, ist so, als ob dich jeder nicht ausstehen könnte und es ihnen einfach egal ist, was mit dir passiert.

Ein schreckliches Gefühl. Ich weiß noch, wie oft ich in der Schule gehofft habe, dass jemand ... irgendjemand ... mir helfen würde ... Dieses Gefühl wünsche ich niemandem! Es ist in meinen Augen wichtig, uns gegenseitig zu helfen! Mir ist bewusst, dass alle ihre eigenen Probleme und Hürden haben, aber wäre es nicht viel einfacher, diese Kämpfe miteinander, anstatt allein zu bewältigen? Die heutige Menschheit ist viel zu sehr auf sich fixiert und achtet nicht mehr darauf, was um einen herum passiert. Ein Umdenken in der Gesellschaft ist unabdingbar. Immer werden die Probleme mit dem Klimawandel großgeschrieben und es ist mit Abstand eines der größten und wichtigsten Themen unserer Zeit, aber wie sollen wir gemeinsam eine so gewaltige Notlage bewältigen, wenn wir es nicht einmal schaffen im ganz normalen Alltag füreinander da zu sein? Wie soll eine Gesellschaft, die nur an sich denkt, mit etwas so Großem fertigwerden? Viele würden jetzt wahrscheinlich sagen: „Klimawandel und Mobbing sind doch zwei komplett unterschiedliche Paar Schuhe!" Dies mag vielleicht auf den ersten Blick so wirken, aber es geht ja auch nicht um die Ähnlichkeit der beiden Fälle. Es geht um die Denkweise. Wie sollen zum Beispiel Probleme wie Ausländerfeindlichkeit, Rassismus und Diskriminierung gelöst werden, wenn wir es nicht einmal schaffen, den Mund aufzumachen, wenn es nötig ist? Und da kommen wir auch wieder zum Thema Klimawandel. Wie sollen neue Gesetze in Kraft treten und Politiker mehr tun, wenn keiner den Mut hat, sich für Gerechtigkeit einzusetzen? Auch sowas ist Zivilcourage.

Deshalb ist es wichtig die Grundeinstellung von Empathie und Fairness gegenüber den Mitmenschen und der Umwelt bereits in den Kitas und Schulen zu fördern! In Form von „das Leben leben lernen, anstatt das Leben nur gelehrt zu bekommen".

Mit freundlichen Grüßen
Tuana Kayra Ayata

Fabian Ernstberger – 2. Preis in der Altersklasse 18 Jahre

Bildung muss an morgen denken – kurz: BNE

Sehr geehrte Herr Staatsminister Prof. Dr. Piazolo,

Ihnen als bayerischem Kultusminister muss ich es eigentlich nicht sagen – ich möchte es aber trotzdem machen – ich möchte an Sie appellieren, heute schon an morgen zu denken. Wir alle kennen die Problematiken unseres aktuellen Schulsystems, diese bekommen Sie nicht zuletzt durch die aktive Schülerschaft im Landesschülerrat (LSR) oft widergespiegelt. Daher möchte ich Ihnen hiermit meinen persönlichen Lösungsvorschlag ans Herz legen – die drei Buchstaben „**BNE**"

Wenn Sie sich jetzt fragen, was das bedeutet, dann kennen Sie genau das Problem: BNE bedeutet „**Bildung für nachhaltige Entwicklung**" und beschreibt eine Form der Bildung, die uns alle dazu befähigt, zukunftsfähig zu denken und zu handeln. Sprich jede:r Bürger:in soll mündig sein, die Auswirkungen des eigenen Tuns auf die komplette Welt zu verstehen – oder von mir persönlich in der Kurzdefinition: „Mit BNE lernen wir in Zukunft gut zu leben".

Ich finde es, um auf das angesprochene Problem zurückzukommen, sehr schade, dass dieser interdisziplinäre Ansatz entweder unbekannt ist oder nicht angewandt wird, denn die zentralen Fragen, die wir uns aktuell alle als Gesellschaft stellen sollten, sind:

„**Wie müssen wir in Zukunft lernen?**"
„**Wie (und wo) wollen wir gemeinsam leben?**"
„**Wie unterschiedlich kann Bildung aussehen, um diese Ziele zu erreichen?**"

Diese Fragen jetzt schon komplett beantworten zu können ist unmöglich – aber gemeinsam mit Politik, Verwaltung, Wirtschaft und Jugendlichen ist es definitiv möglich.

Daher meine konkrete Idee: Schaffen Sie Raum für BNE, in allen Formen: Arbeiten Sie Hand in Hand mit dem LSR an Empfehlungen, ermöglichen Sie **Modellprojekte** und **Thinktanks**, geben Sie engagierten Schulleitungen und Lehrer:innen die Ressourcen, die sie dafür benötigen – und haben Sie keine Angst davor, dass ein Modellprojekt auch einmal scheitern kann, dafür sind Modelle da.

Was ich gelernt habe ist, dass man im Dialog mit Entscheidungsträger:innen immer Verbindlichkeit aufbauen muss. Deswegen möchte ich die Idee des Thinktanks gerne gemeinsam mit Ihnen verfolgen – gemeinsam mit Ihnen (und/oder anderen Vertretern des StMUK), Personen aus der Wirtschaft, dem Landesschülerrat, den Elternvertretungen und Jugendlichen, die nicht mehr „im Schulsystem sind". Hand in Hand kann man hier Ideen entwickeln, diskutieren und Kompromisse schließen – ganz im Sinne unserer Demokratie. Meine feste Überzeugung: Hier gewinnen alle und nicht nur ich stehe zur Umsetzung bereit, nur brauchen und wollen wir Ihre Unterstützung!

Haben Sie den Mut es zu probieren, vertrauen Sie den Schüler:innen und Jugendlichen – und denken Sie vor allem an folgendes:

„Bildung ist Zukunft. Zukunft ist morgen. Morgen startet heute."

Freundliche Grüße Fabian Ernstberger
Seite 2 von 2

Lisa Ruppert – 3. Preis in der Altersklasse 17 Jahre

Liebe Politikerinnen und Politiker,

wie Sie wissen gibt es viele verschiedene Themen, die uns in den letzten Jahren, aber auch aktuell beschäftigen, wie die Umweltpolitik mit Fridays for Future oder die Coronapandemie. Auch die Demonstrationen und Bewegungen für die Gleichberechtigung zwischen Mann und Frau und vor allem für schwarze und weiße Menschen sind große Themen für uns alle.

Sie fragen sich bestimmt, warum ich Ihnen das alles schreibe.

Bei allem was auf dieser Welt passiert steht eine Sache im Vordergrund. Werte. Werte, die im ersten Augenblick so unbedeutsam und klein erscheinen, aber all unser Handeln und unsere Gesellschaft ausmachen. Werte, die der Grund sind, warum wir kämpfen, protestieren und uns genau für solche Themen wie Umwelt und Gleichberechtigung einsetzen.

Unser Zusammenhalt ist der Grund, warum wir für Gleichberechtigung, Toleranz, Akzeptanz und Nächstenliebe kämpfen. Wir haben in der Coronakrise aus Hilfsbereitschaft unsere eigenen Interessen zurückgestellt, um unsere Mitmenschen zu schützen. Wir setzen uns für die Umwelt ein. Uns sind Natur, die Tiere und die Menschen, die unter den Folgen leiden müssen nicht egal.

Ich schreibe Ihnen, weil Werte so wichtig sind. Für jeden von uns. Und diese mehr gestärkt werden müssen. Wenn wir uns für mehr Zusammenhalt, Nächstenliebe, Respekt und Toleranz einsetzen, dann muss niemand mehr Leid erfahren, durch das was er ist. Wir können in einer Welt leben, in der niemand mehr verurteilt wird, aufgrund von Religion, Aussehen oder Reichtum. Wenn wir an unsere Werte halten, können wir alle zusammen alles überstehen und alle Probleme lösen. Und um in einer friedlichen Welt ohne Angst und Vorurteile leben zu können brauchen wir Ihre Hilfe, um Werte nicht unbedeutsam und klein erscheinen zu lassen, sondern zu zeigen, wie wichtig sie sind.

Ich durfte bereits letztes Jahr an solch einem Projekt teilnehmen. Letztes Jahr wurde ich Wertebotschafterin für meine Schule. Leider konnten die Projekte, die ich geplant habe durch Corona nicht so umgesetzt werden, wie ich es mir erwünscht habe, allerdings konnte ich eine Doppelstunde dafür nutzen, in der Streitschlichter AG über Werte zu reden, ein Plakat für die Schulaula zu erstellen und habe drei Mädchen gefunden, die gerne verschiedene Werteprojekte an der Schule zukünftig umsetzen wollen. Es war super spannend diese Ausbildung zu erleben und ich habe tolle Menschen dabei kennenlernen dürfen, auch die Projekte und die Ausbildung der neuen macht mir super viel Spaß. Ich würde mich sehr darüber freuen, wenn Sie dieses Projekt weiterhin unterstützen und dahingehend fördern würden, dass jede Schule an diesem Projekt teilnehmen und somit ihren Schülern und Schülerinnen Werte näherbringen kann.

Was man beim Thema Werte nicht vergessen darf ist die Tatsache, dass die meisten Werte unbewusst durch unsere Familie, Freunde und vor allem unsere Vorbilder vermittelt werden. Wie Sie bestimmt wissen, hat der Großteil der Menschen heutzutage ein Smartphone und nutzt dieses, um vor allem auf Social Media Plattformen unterwegs zu sein. Dadurch sind die meisten Vorbilder der heutigen Jugend Youtuber und Influencer. Es gibt einige Influencer, die bereits unbewusst viele Werte vermitteln, wie, um ein Beispiel zu nennen, Pietsmiet oder Gronkh, die Hauptakteure von FriendlyFire. FriendlyFire ist ein Spendenstream, in dem Geld gesammelt wird, um verschiedene wohltätige Projekte zu unterstützen, die auch im Stream thematisiert werden und von Jahr zu Jahr unterschiedlich sind. Natürlich gibt es weitere Influencer und Projekte, die sich dafür einsetzen ihren Zuschauern Werte näher zu bringen.

Durch eine Zusammenarbeit mit solch einem Influencer kann man den Menschen Werte näherbringen und diese über das Thema aufklären und informieren, aber auch bei aufkommenden Fragen behilflich sein.

Meiner Meinung nach sollte die Priorisierung auf der Aufklärung zu Werten, und wie wichtig diese sind, liegen. Ich denke nicht, dass alle Menschen wissen, welche Auswirkungen Werte auf uns und unsere Gemeinschaft haben. Auch was das Ausleben von Werten in den verschiedenen Ländern für eine Rolle spielt. Denn in verschiedenen Ländern gibt es verschiedene Werte und diese sind oftmals der Grund, warum es zu Konflikten kommt, da man der Meinung ist die eigene Werteanschauung sei die Bessere. Dabei, und das darf man nicht vergessen, sind Werte keine Konstante, sondern verändern sich stets. So sind mal Freiheit und Zusammenhalt wichtiger, mal sind es Toleranz und Akzeptanz.

Ich hoffe ich konnte Ihnen einen kleinen Denkanstoß geben und zeigen, wie wichtig es ist Werte in Zukunft zu stärken, da sie ein wichtiges und oftmals vergessenes Fundament für unser Sein bilden. Es würde mich ebenso freuen, wenn Sie sich Gedanken zu den vorgeschlagenen Projekten machen würden und diese oder andere umsetzen könnten. Ich danke Ihnen, dass Sie sich die Zeit genommen haben, um meinen Brief zu lesen.

Mit freundlichen Grüßen,
Lisa Ruppert

Franz Schottenheim – 1. Preis in der Altersklasse 18 Jahre

Sehr geehrter Herr Ministerpräsident Söder,

spätestens die Corona-Pandemie hat es gezeigt: Deutschland ist in Sachen Digitalisierung ein Entwicklungsland. Während in anderen Industrieländern Glasfaser längst flächendeckend ausgebaut ist und 5G ebenfalls schon heute in der breiten Bevölkerung zur Anwendung kommt, findet sich Deutschland in der Schlussgruppe wieder. Von den Internetgeschwindigkeiten der anderen Länder kann insbesondere in ländlichen Regionen nur geträumt werden.

Aber es geht um mehr als nur blanke Statistiken und Speedtests, denn schnelles Internet allein ist erst der Anfang und der solide Grundstock der Digitalisierung. Schlichtes Aus bauen reicht nicht.

Digitalisierung bedeutet für mich das Nutzen des Potenzials, das das Internet uns in so vielen Bereichen des Lebens bietet. Im Folgenden gebe ich Ihnen einige Beispiele, wie die Digitalisierung unser Leben in Zukunft besser macht.

Wegen der Pandemie wurden viele Arbeitnehmer ins Home-Office geschickt. Unter „normalen" Umständen hätte wohl keine Firma fast allen Mitarbeitern gleichzeitig die Arbeit von zu Hause genehmigt. Die schlimmen Vorhersagen von Skeptikern haben sich jedoch nicht bewahrheitet, im Gegenteil. Mit dem Home-Office lassen sich Beruf und Familie endlich besser vereinen und auch der Weg zur Arbeit entfällt, was neben weniger Stress auch weniger Belastung für die Umwelt bedeutet.

Für die Zukunft, insbesondere nach der Pandemie, schlage ich ein „Hybrid-Modell" vor. Arbeitnehmern sollte es möglich sein, zwei oder drei Tage in der Woche von zu Hause aus arbeiten zu können. Für Eltern bedeutet das, dass sie sich zu gleichen Teilen um die Kinder kümmern können: der eine Elternteil in der ersten Wochenhälfte, der andere in der zweiten. Kinder sehen ihre Eltern wieder öfter und profitieren von elterlicher Nähe und Fürsorge –

das Zusammenleben in der Familie bekommt einen höheren Stellenwert.

Aber auch ein Nutzen der digitalen Möglichkeiten direkt in der Schule bringt Vorteile für die Kinder, auch wenn Präsenzunterricht und das Miteinander in der Klassen- und Schulgemeinschaft unersetzbar sind. Als Ergänzung zum klassischen Frontalunterricht bieten sich z.B. neue Möglichkeiten in der Kommunikation zwischen Lehrkraft und Klasse an. Wenn Schüler bei Hausaufgaben nicht weiterkommen oder das Thema doch noch nicht ganz verstanden haben, könnten Schüler der Lehrkraft die Frage über die schuleigene Onlineplattform stellen. Das ermöglicht auch Schülern aus bildungsferneren Familien o der Schülern ohne nötige Mittel für Nachhilfe individuelle Förderung und Verständnis. Außerdem könnten lehrreiche Videos und Hintergrundinformationen von der Klasse schon vor dem Unterricht angeschaut werden, um von vornherein Interesse für ein neues Thema zu wecken. Sozusagen ganz nebenbei erhalten die Schüler digitale Kompetenzen, was sich auch im späteren Arbeitsleben, an dem der Weg am Computer oft nicht mehr vorbeiführt, positiv bemerkbar machen wird.

Aber auch während des Unterrichts profitieren Schüler von der Digitalisierung. So stellen digitale Unterrichtsmaterialien sowohl die inhaltliche, als auch die pädagogische Aktualität sicher. Ich kann leider aus eigener Erfahrung sagen, dass Lernen aus veralteten Schulbüchern, teilweise aus dem Jahr 2007, keinen Spaß macht. Im Jahr 2021 über einen mögllichen Beitritt der Türkei zur EU der 27 zu lesen ist nicht motivierend, auch wenn durch den Austritt des Vereinigten Königreichs zumindest die Anzahl der Mitgliedstaaten (wie der) stimmt.

Nicht nur in Schule und Arbeit, auch im Privaten bleiben die digitalen Möglichkeiten bisher zu wenig genutzt. Ältere Menschen fühlen sich im Altersheim oft alleingelassen und einsam. Auch Enkel und Großeltern, die weit voneinander getrennt leben, würden gerne öfter miteinander kommunizieren. Funktionen wie Videoanrufe erfreuen sich schon heute großer Beliebtheit, auch bei

Älteren. Sie ermöglichen es, weiter am Leben vor Ort teilhaben zu können bzw. größere Entfernungen zu überbrücken. Werden solche Systeme stärker in Wohnungen implementiert, ist das eine Möglichkeit, Einsamkeit zu überwinden und besser in Kontakt zu bleiben. Sicherlich ersetzt nichts den persönlichen Kontakt, jedoch lässt sich die Zeit bis zum nächsten Wiedersehen durch die Möglichkeiten der Digitalisierung besser überbrücken. Das haben wir alle ja auch in der Pandemie gemerkt – wieso davon also nicht auch nach der Pandemie, in Zukunft profitieren?

Zusammenfassend lässt sich sagen, dass die Nutzung der immensen Möglichkeiten der Digitalisierung über alle Altersgruppen hinweg zu mehr Teilhabe am gesellschaftlichen Leben, zu größerer Gerechtigkeit und Chancengleichheit in Bildung und Arbeit sowie zu mehr Austausch zwischen den Generationen führt. Dazu ist aber auch die Politik gefragt, weswegen ich diesen Brief schreibe. Herr Ministerpräsident Söder, die Digitalisierung liegt mir wirklich am Herzen. Von ihrem Voranschreiten hängt auch unsere Zukunft ab, wenn wir weiterhin ein wettbewerbsfähiges, modernes Land bleiben wollen. Deshalb bitte ich Sie: Setzen Sie sich stärker für Digitalisierung ein.

Ich danke Ihnen für Ihre Zeit und freue mich auf eine Antwort. Freundliche Grüße

Franz Schottenheim

Leonie Stieg – 1. Platz in der Altersklasse 17 Jahre

Am Ende nur Einsamkeit

Hey, heute werde ich euch meine Geschichte erzählen.

Ich bin eine kleine Robbe, die im Meer an der Arktis lebt, ich bin erst ein paar Monate alt und deshalb noch nicht sehr groß. Ich lebte mit meiner Familie in einer großen Kolonie mit ganz vielen Robben, aber dort beginnt auch schon meine Reise, die ich erzählen will...

Anfangs lebten wir glücklich an einem wunderschönen Platz mit genug Futter für alle. Doch dann fingen die Fische an zu verschwinden und es sammelte sich immer mehr komisches Zeug an, das ich vorher noch nie gesehen hatte. Alle nannten es „Müll", es sah sehr komisch aus, ganz viele verschiedene Teile wurden an unserem schönen Fleck, an dem ich aufgewachsen bin, ange-schwemmt und es wurde immer mehr und mehr. Meine Mama sagte zu mir und meinen zwei Geschwistern wir dürften das nicht essen, weil viele Freunde in unserer Gruppe davon sehr krank wurden. Bei ein paar Robben wickelten sich die Teile um ihre Flossen und sie konnten deshalb kein Futter mehr suchen. Darauf-hin mussten sie qualvoll verhungern... wir wollten ihnen helfen, doch es gab einfach nicht genug Futter.

Mit der Zeit sah es sehr schlimm aus und unsere Gruppe wurde immer kleiner, weil der Großteil, der noch übrig war, ging. Meine Mama wollte auch gehen, aber meine Geschwister und ich wollten trotz des Mülls bleiben, da wir nur diesen Ort hier kannten.

Doch am nächsten Tag machten wir eine Entdeckung. Ein Freund von meiner Mama entdeckte auf der Suche nach Nahrung andere Tiere, die nur auf zwei Beinen liefen und sich ein Zuhause aus Schnee und Eis bauten, ganz in unserer Nähe. Meine Mama hatte uns von diesen Kreaturen erzählt und meinte, von denen kommt der ganze Müll. Wir waren sehr beunruhigt, wir sahen ein, dass wir weggehen mussten und hatten vor, die nächsten Tage aufzubrechen. Wir machten uns auf den Weg zum Meer, um uns ein neues Zuhause zu suchen, doch plötzlich kamen die Zweibeiner wie aus dem Nichts und entführten und töteten brutal unsere Freunde, es war schrecklich mitanzusehen. Wir robbten um unser Leben an Land, da wir nicht mehr ins Wasser zurückkonnten, aber meine kleine Schwester steckte fest, weil sich etwas um ihre Hinterflosse wickelte, unsere Mama stürmte auf die Kreaturen zu um die Kleine zu befreien. Die Zweibeiner waren fast bei uns, meine Mama schaffte es sie zu befreien, doch es war zu spät... sie erwischten meine Schwester, brachten sie vor unseren Augen um und flohen mit ihrem leblosen Körper.

Meine Mama kam traurig und langsam zu uns zurück, wir kauerten uns zusammen und trauerten noch eine ganze Weile bevor wir in der Lage waren, los zu gehen.

Wir waren die letzten Überlebenden unserer Kolonie und gingen unseren Weg nur noch zu dritt weiter, voller Schmerz und Trostlosigkeit über unseren Verlust. Wir verloren alles. Unsere Kolonie, unser Zuhause und das Schlimmste, meine Schwester.

Wir schwammen raus aufs Meer so weit bis uns unsere Kräfte langsam verließen. Wir machten eine Pause, um uns zu stärken, doch etwas zu essen zu finden fiel uns sehr schwer. Später, nach langer Suche, fanden wir ein paar Fische, die uns fürs Erste genug Kraft gaben. Daraufhin schwammen wir weiter in die, für mich und meinem Bruder, unbekannte Welt voller neuer Gefahren.

Auf unserem eingeschlagenen Weg sahen wir viele schlimme Orte, Dinge, die mich komplett veränderten, ich hatte nur noch Angst um mein und vor allem um das Leben meiner Familie. Wir sind schon lange unterwegs, doch wir fanden kein Zuhause, der eine Platz schlimmer als der andere, überall war Müll und schwarzes klebriges Zeug, welches an manchen Stellen in unserem Fell hing und nur schwer loszubekommen war. Darin habe ich schon sehr viele tote Tiere wie Möwen, Fische und noch vieles mehr gesehen. Es tat weh, das alles zu sehen. Wir wollten nur einen Platz finden, an dem es uns gut geht.

Nach einer Woche schwammen wir an einer Insel vorbei die nur aus Müll bestand und daneben ein Schiff, wie es unsere Mama sagte. Wir mussten hindurch schwimmen, um weiter zu kommen. Mein kleiner Bruder schwamm hinter mir, ich passte nur einen Moment nicht auf... ich gebe mir bis heute die Schuld dafür, was passierte. Ich konnte ihn zuerst nicht finden, als ich ihn wieder entdeckte schwamm er durch einen riesengroßen Fleck von dem schwarzen Zeug. Ich konnte ihn nicht auch noch verlieren, ich tat alles, um ihn da wieder rauszuholen, es war dunkel und es stank. Ich merkte, wie sich das Zeug in meinem Fell verfing. Unsere Mama wollte uns helfen, aber ich flehte sie an es nicht zu tun, ich wollte sie nicht auch noch in Gefahr bringen. Nach einiger Zeit schaffte ich es, ihn zu befreien, wir waren komplett verklebt und haben versucht so viel wie möglich von unserem Fell zu bekommen. Wir waren froh, dass wir es geschafft hatten. Doch nach ein paar Tagen wurde mein Bruder krank und immer schwächer. Wir versuchten alles, um ihm zu helfen, aber vergeblich, er hatte eine Vergiftung und keine Kraft mehr. Somit ertrank er nach kurzer Zeit, wir konnten nichts für ihn tun... Wir waren sehr getroffen, wir waren nur noch zu zweit und meine Mama wurde immer schwächer, weil sie den Verlust meiner Geschwister nicht ertragen konnte, aber sie versuchte stark zu bleiben für mich.

Nach der schlimmen, langen Zeit fanden wir eine kleine Insel mit anderen Robben, wir hatten endlich wieder Hoffnung. Wir fingen an, uns alle anzufreunden und wie eine Familie zusammen zu wachsen. Eines Tages durfte ich mit zum Fischen gehen, wir waren auf dem Weg zu einem Platz mit vielen Fischen, doch zu unserem Schreck sahen wir wieder die Zweibeiner. Meine Mama und ich fielen in eine Schockstarre und uns schossen die Erinnerungen an damals wieder durch den Kopf, an den Verlust von meiner Schwester und meinem Bruder und alles Schlechte, was wir erlebt hatten. Ich realisierte, dass die Kreaturen uns entdeckt hatten und schnell auf uns zukamen, mit langen spitzen Gegenständen in der Hand. Meine Mama stellte sich schützend vor mich hin, sie wollte nicht auch noch ihr letztes Kind verlieren. Ich rannte los so schnell ich konnte, aber meine Mama blieb stehen, sie griff die Zweibeiner an und schaffte es, sie zu verjagen, Doch ich sah, dass sie sehr viel Blut verlor. Ich hatte Angst, ich wusste nicht wo wir waren. Meine Mama wurde immer schwächer und sie brach zusammen und gab leise, qualvolle Laute von sich und wollte, dass ich zu ihr komme. Ich kauerte mich an sie ran und ich wusste, dass würde das letzte Mal sein, dass ich ihre Wärme spüren werde. Mit letzter Kraft schmiegte sie sich an mich ran und sagte auf Wiedersehen.

Mein Herz wurde gebrochen, ich verlor meine ganze Familie. Nun bin ich allein, ganz allein... Heute schwimme ich durch die grausame Welt, die von diesen Kreaturen nur schlimmer gemacht wurde.

Bitte helft mir und macht mir nicht mein Leben noch schwerer als es schon ist...

Emilia Kämpf – 1. Preis in der Altersklasse 16 Jahre

Sehr geehrter Herr Prof. Dr. Piazolo,

ich habe mich seit längerem mit dem Thema Digitalisierung und Chancen und Risiken bei der Nutzung von Social Media durch Jugendliche und junge Erwachsene auseinandergesetzt. Ich habe eine Idee wie man an den Schulen die Schüler stärker in die Verantwortung miteinbezie hen kann und wie man die Werte Solidarität und Hilfsbereitschaft in der Schülerschaft für die Zukunft weiter fördern kann. Deshalb möchte ich die Idee mit Ihnen, dem bayerischen Kultusminister teilen und würde mich freuen, wenn diese Anregungen an bayerischen Schulen Umsetzung fänden.

Nachrichten checken, die Instagram-Stories verschiedener Promis, bekannter oder auch nicht bekannter Leute anschauen und kommentieren, ein Selfie mit einem lustigen Snapchat Filter machen oder einen Tanz auf Tiktok zu einem der aktuellen Sounds drehen und hochladen.

Genauso sieht heutzutage oft der Alltag von Jugendlichen und jungen Erwachsenen aus. Verständlich, denn die ganze Bandbreite von WhatsApp über Snapchat und Instagram bis hin zu TikTok scheint auf den ersten Blick völlig kostenlos zu sein – schnell aus dem App-Store heruntergeladen – fertig. Aber sind alle diese Apps wirklich kostenlos? – mit Sicherheit nicht.

Wir zahlen mit unseren Daten! Das Geschäftsmodell dieser Unternehmen ist schlichtweg ein völlig anderes. Man könnte also sagen, dass unsere Daten gewissermaßen als Währung dienen. Es ist kaum zu glauben, welche Spuren wir jeden Tag auf Social Media hinterlassen. Bei der Installation von WhatsApp müssen wir unsere Telefonnummer hinterlegen, bei Snapchat geben wir unser Geburtsdatum, unseren Namen, unsere E-Mailadresse sowie ein Bitmoji an, welches uns nachbildet. Ein großer Teil der Nutzer gibt sogar seinen genauen Standort preis, welcher im Minutentakt aktualisiert wird. So kann über einen User ein komplettes und aussagekräftiges Profil erstellt werden. Von Datenschutz kann hier nicht mehr die Rede sein. Wirft man einen Blick auf die Herkunft dieser Unternehmen ist auffällig, dass keines aus Europa, sondern so gut wie alle aus den USA oder China stammen. Während in Deutschland der Datenschutz nach der Rechtsprechung des Bundesverfassungsgerichts ein Grundrecht ist, wird in den USA und insbesondere China mit dem „Social-Scoring"-System, welches ein Versuch der totalen Kontrolle der Bevölkerung ist, deutlich weniger Wert auf Datenschutz und Privatsphäre gelegt. In Deutschland ist gesetzlich geregelt, dass die Betroffenen grundsätzlich selbst entscheiden dürfen, wem sie welche persönlichen Informationen bekannt geben. Genau darin liegt das Problem. Die deutsche Bevölkerung verlässt sich hier auf unsere Standards und von dem Datenmissbrauch der Unternehmen im Hintergrund bekommt der Großteil nichts mit. Ein anderer Teil hält Datenschutz und Privatsphäre für überbewertet. Um einerseits dies zu ändern, also Teenagern ein größeres Verständnis darüber zu verschaffen, aber andererseits auch die Mitverantwortung, Solidarität und Hilfsbereitschaft an Schulen zu fördern, habe ich folgenden konzeptionellen Vorschlag: grundsätzlich besteht die Idee darin, das Thema im Zuge der angestrebten Digitalisierung zu behandeln. Denn meiner Ansicht nach ist Digitalisierung auch im Bereich der Bildung unumgänglich, aber dennoch sollten Schülern die Gefahren nicht vorenthalten werden. Mein Vorschlag wäre deswegen in der 6. Klasse verbindliche Einstiegslehrveranstaltungen abzuhalten, wobei zum einen das Ziel ist, Grundkenntnisse über Digitalisierung und soziale Medien zu erwerben und zum anderen das Interesse der Schüler zu wecken. Wichtig ist es, die Schüler schon frühzeitig zu informieren, da für sie oft mit dem Beginn der Pubertät soziale Medien attraktiv werden. Auf den Datenschutz bezogen können Inhalte unter anderem sein, die Datenschutzerklärungen und Nutzungsbedingungen verschiedener Apps und Plattformen gründlich zu lesen und zu besprechen, denn mit Sicherheit hat die Mehrheit beides vor der Installation nicht gelesen. Gemeinsam mit dem gesunden Menschenverstand hat dann jeder die Möglichkeit sich eine eigene Meinung zu bilden. Die Interessierten bilden jahrgangsübergreifend im Sinne von „Schüler helfen Schülern" eine Community. Als sogenannter DiGi-Scout stehen sie Gleichaltrigen bei Cyber-Problemen zur Verfügung und organisieren zudem die Lehrveranstaltungen in der Unterstufe. Bei regelmäßigen Learn & Share-Veranstaltungen können die Schüler ihre kreativen Ideen austauschen, sich von Erfahrungen berichten und voneinander lernen. Es ist zwar wichtig, dass die DiGi-Scouts von Lehrern unterstützt werden, aber dennoch sollten sie selbst das Projekt vorantreiben, denn es ist nicht zu unterschätzen, dass Schüler heutzutage oftmals technisch fitter sind als ihre Lehrer.

Auch bietet sich eine Kooperation mit der SMV oder einem P-Seminar an. Um auf die DiGi-Scouts und ihre Tätigkeiten aufmerksam zu machen, könnte es in der Pausenhalle eine Informationsstelle in Form eines schwarzen Bretts mit einem Briefkasten geben, in dem Schüler Wünsche und Anregungen sammeln können. Meiner Meinung nach würde ein derartiges Konzept die junge Bevölkerung optimal auf ihre Zukunft und eine Welt vorbereiten, in der die Digitalisierung und die damit verbundenen Rechte, wie der Schutz der persönlichen Daten sowie Privatsphäre, eine zunehmend größere Rolle spielen. Ich würde mich sehr freuen, wenn meine Gedanken zukünftig Anwendung finden würden. Für Rückfragen oder weitere Anregungen stehe ich gerne zur Verfügung.

Mit freundlichen Grüßen,
Emilia Kämpf

Franziskus Degenfeld – 3. Preis in der Altersklasse 16 Jahre

Lucius Annaeus Seneca –
Es ist nicht zu wenig Zeit, die wir haben,
sondern es ist zu viel Zeit, die wir nicht nutzen.

Auf Ältere, Erfahrenere zu hören widerspricht der Philosophie vieler meiner Gleichaltrigen. Ratschläge, Empfehlungen oder sogar Anweisungen Gehör zu schenken widerstrebt vielen. Dabei ist gerade das unter anderem einer der entscheidenden Faktoren der Evolution des Menschen gewesen. Warum haben wir uns erst sehr langsam und dann sehr schnell entwickelt? Ganz einfach, dadurch, dass wir kommunizieren können, haben es unsere Nachfahren nicht nötig die gleichen Fehler zu machen wie wir und können sich deshalb auf die Weiterentwicklung konzentrieren.

Die Wirkung, die das Weitergeben von Informationen hat, wurde während der Industrialisierung in Geschwindigkeit und Verbreitungsfläche vervielfacht. Infolgedessen konnte sich die Menschheit so schnell entwickeln.

Eine in der breiten Mehrheit als sehr unseriös abgestempelte Gruppierung sind die sogenannten Verschwörungstheoretiker oder Querdenker, mit welchem Namen sie in der Pandemie oft betitelt wurden. Eine weit verbreitete Verschwörungstheorie ist die der flachen Erde und die damit einhergehende Leugnung der Mondlandung. Sie sind das perfekte Beispiel für eine Gesellschaft, die keine der Erkenntnisse der vorangegangenen Menschen übernimmt sondern alles bereits Erkannte selber noch mal herausfinden muss. Warum also ist diese Art der Verleumdung so verrufen während in der „normalen" Gesellschaft täglich Ratschläge von Personen, die bereits den gleichen Weg gegangen sind abgelehnt werden? Aufgrund der Größenordnung. Mond und Arbeitsmoral. Pandemie und Zeiteinteilung. Und doch, so seltsam das klingen mag, sind es eher die kleinen Dinge, die uns nach der Erkenntnis zu einem Vorsprung gegenüber unseren Mitmenschen verhelfen. Dieser Vor-

sprung mag sich zeigen in den Noten, der Karriere, dem Allgemein-
wissen oder einfach dem Zwischenmenschlichen.

Zurückführend zu dem Zitat am Anfang treffe ich die Aussage,
dass das Zitat zutreffend ist. Man nutzt seine Zeit schlechter als
man sie nutzen könnte, wenn man mehr aus den Fehlern seiner
Vorgänger lernen würde. Ob wir selbst mit einem effizienten Zeit-
management unsere Träume verwirklichen können, hängt von
jedem selber ab und, wie viel wir aus der kurzen Zeit machen die
uns gegeben ist.

Johannes Heinloth – 2. Preis in der Altersklasse 15 Jahre

Wir sind Werte...

Ich habe mir lange überlegt, über was ich schreiben will, auf was ich aufmerksam machen möchte. Alles ist wichtig, Klimawandel, Umweltschutz, der Umgang miteinander...

Es wurde schon viel über diese Themen geschrieben, gesagt und mehrere wissenschaftliche Untersuchungen durchgeführt.

Aber was bringt es, darüber zu schreiben, wenn es bei den einzelnen Menschen nicht ankommt. Ich meine mit Ankommen, dass es bei jedem auch im Bewusstsein bleibt. Mir ist letztens etwas passiert: Als mir aus Versehen ein Kaugummipapier aus meiner Tasche gefallen ist, wollte ich eigentlich schon weitergehen. Aber irgendetwas fühlte sich falsch an. Ich ging zurück und hob das Papier auf und entsorgte es zuhause. Warum habe ich das getan? Es fühlte sich falsch an, weil meine Eltern, meine Lehrer es mir so beigebracht haben.

Da ist mir aufgefallen, wie wichtig eigentlich Werte sind und darum sollten wir Werte mehr fördern. Zuhause, in der Schule oder im Alltag. Mit Aktionen, die in den Köpfen der Menschen bleiben, z.B. mit Baumpflanz-Aktionen. Und was jeder Einzelne machen kann, nicht nur allein für die Umwelt, sondern auch für andere wichtige Lebensbereiche. Wir könnten unser Leben einfacher gestalten. Auch im Kleinen, z.B. bieten wir jemanden eine Mitfahrtgelegenheit mit dem Auto an, weil wir sowieso in dieselbe Richtung fahren, dadurch sparen wir wieder CO_2 Abgase.

Wir sollten lernen, naturbewusst zu leben, und uns mehr Gedanken über unser Umfeld machen. Wenn ich saubere Luft einatme und reines Wasser trinke, dann bleibt mein Körper gesund. Auch meine Familie und Freunde bleiben gesund. Wir sollten die Erde und uns Menschen als Ganzes sehen. Ich habe oft das Gefühl allein kann ich nicht viel bewegen.

Aber das stimmt nicht. Jeder kann handeln. Wir müssen uns das immer wieder bewusst machen. Ein gutes Wort, ein Lächeln zur richtigen Zeit, ein Danke und Bitte wirken Wunder. Und gerade in der Pandemie hat man gesehen, wie wichtig Zusammenhalt und Freundschaft sind.

Ich hoffe ich habe mit meinem Aufsatz etwas bewirkt. Und möchte eigentlich noch so viel tun. Ich bin der Meinung, dass die Wertebildung in den Schulen noch mehr gefördert werden sollte. Man kann zwar mit einem Tropfen keinen Ozean füllen, aber es ist ein Anfang.

Für UNS – Für unsere GEMEINSCHAFT – Für unsere WERTE

Johannes Heinloth, 9C Altmühltal – Realschule – Beilngries

Maria Schilcher – 3. Preis in der Altersgruppe 18 Jahre

Hallo liebes Tagebuch!

Fängt man so einen Tagebucheintrag an? Ich weiß es nicht, dies ist nämlich mein Erster...

In letzter Zeit war so viel los, ich brauch einfach jemanden, mit dem ich reden kann, ich glaube du bist der Richtige dafür, denn Papier ist geduldig.

So viele Sorgen, so viele Ängste, die ich mir gemacht habe, ich weiß gar nicht wohin damit. Im Lockdown hatte ich so viel Zeit zu überlegen. Man durfte keine Freunde treffen, keine Konzerte besuchen und die Musik, die ich so liebe, konnte ich nur virtuell wahrnehmen. Diese vielen Arbeitsaufträge, Hausaufgaben, nicht enden wollende Zoom-Konferenzen, manchmal brachte uns das doch alle zur Verzweiflung, oder? Wie sieht einmal meine Zukunft aus, werde ich einen Beruf finden, der wirklich zu mir passt und mir gefällt? Diese Gefühle zwischen „wie sollte ich das nur schaffen" und „ich breche die Schule ab", „was soll das alles" und der tiefen Freude über Lockerungen und sinkenden Inzidenz-Zahlen, all das erlebte ich.

Doch dann wurde mir irgendwann bewusst, wie gut es mir doch geht in einem Land wie Deutschland. Hier wird man versorgt, wenn man krank ist, hat keinen Hunger zu leiden, Freunde und Familie, die, wenn auch virtuell, immer für einen da sind. Ich darf in die Schule gehen, ja ich darf lernen, auch wenn es echt mega komisch klingt, aber ich bin so froh darüber! Wie viele Jugendliche haben diese Chance nicht und müssen arbeiten, um ihre Familie zu versorgen? Und dann sehe ich auf der anderen Seite wieder die Probleme, die auch hier in Deutschland während der Pandemie auftauchten, Schüler und Schülerinnen, die keine wirklich guten Geräte hatten, um aktiv am Online-Unterricht teilzunehmen, Jugendliche, die Depressionen bekamen, Kinder, die häusliche Gewalt erleben mussten und dies immer noch tun. Das tägliche

Lesen in der Zeitung von Eskalationen zwischen Menschen, die sich nicht an die Regeln hielten und der Polizei. Ich möchte mir gar nicht mehr die täglichen Nachrichten ansehen, sind diese doch voll tragischer und schlimmen Nachrichten.

Wie soll das alles weitergehen? Ich habe Angst.

Angst vor meiner Zukunft.

Werden wir es schaffen, die Klimakatastrophe doch noch abzuwenden? Was wird aus der Spaltung der Gesellschaft? Als junger Mensch habe ich das Gefühl, dass die extremen Ansichten immer mehr Zulauf bekommen. Die Bilder von den kleinen Kindern in Afrika, die extremen Hunger leiden, Videos, die Brände von Wäldern zeigen, Flüchtlinge, die auf dem Meer ertrinken, kann das je von einem Gott gewollt sein? Auf diese Frage habe ich bis heute keine Antwort gefunden. Manchmal frage ich mich, wieso gerade ich das Glück hatte, in einem reichen Land wie Deutschland geboren zu sein. Ist das nicht wahnsinnig ungerecht? Tiefe Traurigkeit, und ja, manchmal auch Wut erfüllt mich, wenn ich das Leid dieser Welt sehe. Und doch habe ich Hoffnung in mir. Hoffnung, etwas verändern zu können.

Verstehst du mich, mein Tagebuch? Vielleicht klingt es utopisch, wenn nicht sogar größenwahnsinnig, etwas verändern zu wollen. Veränderung?

Veränderung beginnt im Kleinen. Ob es das liebe Grüßen der älteren Frau ist, die niemanden mehr hat, oder das Helfen bei den Hausaufgaben vom Nachbarskind, all das sind Dinge, die die Welt ein winzig kleines bisschen besser machen. Doch reicht das aus, angesichts der Grausamkeiten, die Tag für Tag auf unserem Planeten geschehen?

Nein, niemals!

Es liegt an uns. An uns allen. Nicht nur an meiner Genration! An uns allen.

Andere schütteln den Kopf über mich, aber ich bin mir sicher, wenn wir alle zusammenarbeiten, können wir es schaffen. Ja, alle zusammen. Nicht du gegen mich. Nicht die Jungen gegen die Alten, nicht Frauen gegen Männer, nein, alle gemeinsam. Zusammen lässt sich so viel bewegen. Erheben wir unsere Stimme gegen die Ungerechtigkeiten dieser Welt, für die Meinungsfreiheit, für die Menschenrechte, gegen Diskriminierung. Helfen wir gemeinsam mit, die Erderwärmung zu stoppen, jeder noch so kleine Beitrag, hilft.

Danke dir, oh Tagebuch, dass ich hier so ungezwungen meine Gedanken niederschreiben kann, du mich nicht korrigierst, mich nicht für verrückt hältst.

Vielleicht liegt es an meinem jungen Alter, aber ich versuche, in allem etwas Gutes zu sehen, den Sinn an allem zu begreifen. Glaubst du, ich kann mir diese Eigenschaft bis in das hohe Alter behalten? Oder glaubst du, die Menschheit wird sich nicht ändern und allein Geld und Profit hinterherlaufen? So viele Fragezeichen auf diesem Papier, werde ich auf diese Fragen Antworten finden. Danke, dass du mir zugehört hast und meine Sorgen und Ängste wahrgenommen hast, in zehn Jahren werde ich zurückblicken und vielleicht Antworten gefunden haben. Bis dahin werde ich versuchen, selbst die Veränderung zu sein, die ich mir so sehr wünsche. Veränderung zum Guten.

Bis dahin wünsche ich dir, mein Tagebuch, alles Gute, bis dann Deine Maria

Sophie Neubeck – 2. Preis in der Altersgruppe 16 Jahre

Wie Corona Schüler „wertlos" machte – Ein Leserbrief

Seit Beginn der Corona-Pandemie gibt es täglich neue Schlagzeilen, die sich mit den Auswirkungen auf Wirtschaft und Gesellschaft befassen. Ein Aspekt, den ich häufig vermisse, sind die Herausforderungen für Schüler:innen – insbesondere aus deren Perspektive.

März 2020, Schulschließungen zwei Wochen vor den Osterferien. Hätten wir gewusst, was auf uns zukommt, hätten wir uns sicher nicht so sehr auf die „verlängerten" Ferien gefreut. Ferien, die keine sein sollten, aber irgendwie zu welchen wurden. Aus anfänglichen drei Wochen wurden drei Monate, die ersten drei Monate der Ungewissheit für uns Schüler:innen. Ungewissheit darüber ob und wie wir wieder in die Schule gehen können. Darüber wie wir das Schuljahr abschließen können und ob uns bereits zu diesem Zeitpunkt der soziale Anschluss fehlte. Nach drei Monaten kam die vorübergehende „Erlösung": wir durften in den letzten Schulwochen nochmal in den Präsenzunterricht wechseln.

Mit Masken und Sicherheitsabstand sahen wir zum ersten Mal nach Monaten unsere Freunde wieder. Wir haben uns trotzdem gefreut und die neuen Regelungen wertgeschätzt. Sie haben uns Sicherheit gegeben, wo wir sie brauchten. In den Sommerferien konnten wir durchatmen. Das Schuljahr war trotz Corona überstanden. Durchfallen konnten wir nicht, trotzdem haben viele Schüler:innen das Schuljahr „freiwillig" wiederholt.

„Freiwillig" – weil sie drei Monate nicht in die Schule gehen konnten. Weil sie keine Eltern hatten, die sie beim Lernen im Homeschooling unterstützen konnten. Und weil sie überfordert waren, mit der neuen Situation. Damit, sich bei allen Hilfen für die Wirtschaft ohne richtiges Sicherheitskonzept im neuen Schuljahr zu sehen. Mit denselben Herausforderungen wie zuvor – doch ohne Lösungen. Überfordert damit, sich zum ersten Mal „wertlos" zu fühlen.

Nach den Sommerferien ging der Präsenzunterricht weiter. Zwar saßen wir mit Masken und Winterjacken im Klassenzimmer, trotzdem wurde der beinahe „normale" Schulalltag von uns wertgeschätzt. Doch kurz vor den Weihnachtsferien 2020 folgte der erneute Wechselunterricht. Die Inzidenz war zu hoch. Unbehagen breitete sich unter uns Schüler:innen aus. Und es wurde noch schlimmer als beim letzten Mal. Viele Schüler:innen sollten in den kommenden fünf Monaten keinen Schritt mehr in die Schule setzen. Wo blieb in diesen fünf langen Monaten unsere Unterstützung? Warum konnten Geschäfte, Friseure und Drogeriemärkte wieder öffnen und die Schulen mussten geschlossen bleiben? Wo blieb die staatliche Hilfe für die Psyche der Schüler? Wer kümmerte sich um die Ängste, Sorgen und Nöte, mit denen wir zu kämpfen hatten? Hatte ein Friseurbesuch denn wirklich einen höheren Wert als ein Schultag? Wie konnte es trotz ganzer Ministerien, die für uns Schüler doch zuständig sein sollten, passieren, dass wir derart übergangen wurden? Dass wir Teenager uns mit jedem weiteren Tag wertloser und missverstandener gefühlt haben?

Es wurden immer wieder neue Regeln eingeführt, doch nur selten hatten wir Schüler das Gefühl verstanden zu werden – oder, dass diese neuen Regelungen uns wirklich voranbringen. Wurde wirklich zum „Wohl" der Schüler entschieden – über unsere Köpfe hinweg? Oder für ein Bewusstsein, man hätte etwas für uns Schüler gemacht, man hätte uns geholfen?

Fakt ist: es hätte Alternativen zur Schulschließung geben können. Anstelle des Homeschoolings hätte es halbtags Unterricht geben können. Stadt- und Turnhallen und weitere Orte die unter anderen, normaleren Umständen für Feierlichkeiten genutzt worden wären, hätten für den Unterricht herangezogen werden müssen. Es hätten mehr Lehrer:innen und Betreuungspersonen eingestellt werden müssen, damit Schüler notfalls auch in Kleingruppen hätten unterrichtet werden könnten. Warum gab es Subventionen für Trennwände aus Plexiglas im Einzelhandel – nicht aber in Schulen? Warum wurden Schnelltests erst so spät an den Schulen eingeführt?

Es fällt uns schwer zu verstehen, warum Schüler und Unterricht nach über einem Jahr Pandemie nicht so wertgeschätzt werden, dass die Schulen mit Lüftungssystemen und CO_2-Meldern ausgestattet werden. Damit Unterricht zukünftig geregelt für alle stattfinden kann. Sind wir so wertlos? Denn das ist das Gefühl, das wir während Corona und Homeschooling übermittelt bekommen. Dass ein Shoppingtrip vor Weihnachten einen höheren Wert hat als die Schulbildung einer Generation. Dass die Wirtschaft eines Landes heute wichtiger ist als das Wohl der Jugend, die die Wirtschaft in Zukunft tragen soll. Und dass die „Wertschätzung" und Geduld, die wir Schüler aufgebracht haben, einseitig waren.

Wenn Werte nur noch kurzfristig gelebt und bewertet werden, dann darf man sich über den langfristigen Werteverfall unserer Gesellschaft nicht wundern. Ihn aber einer jüngeren, sogenannten „Corona-Generation" zuzuschreiben, wäre wie das Handeln Verantwortlicher gegenüber den Schüler:innen während der Corona-Pandemie: ein Witz. Und einfach nicht richtig.

Schlusswort

Heute schon an morgen denken! Mit diesem Motto hat die Initiative „Werterhalt und Weitergabe" Schülerinnen und Schüler in ganz Bayern motiviert, über Themen zu schreiben, die ihnen besonders am Herzen liegen.

Ich bin begeistert von den vielfältigen Texten, mit denen sich rund 170 Jugendliche im Freistaat am Schreibwettbewerb beteiligt haben. Ob Klimaschutz oder Diskriminierung, Digitalisierung oder Globalisierung – mit ihren kreativen Beiträgen haben die jungen Menschen ihr Engagement, ihre Leidenschaft und ihren klaren Blick für wichtige Zukunftsfragen unter Beweis gestellt. Besonders gefallen haben mir die Briefe an die Politik und die Vorschläge der Schülerinnen und Schüler zum Umgang mit gesellschaftlichen Herausforderungen. Ob es um Rassismus geht oder um Chancen der Digitalisierung für alle Generationen: Die Teilnehmerinnen und Teilnehmer des Schreibwettbewerbs haben konstruktive Ideen formuliert und mit ihren Beiträgen gezeigt, dass sie ihre Lebenswelt aktiv mitgestalten wollen. Ich habe mich sehr gefreut, dass ich mich mit einigen Preisträgerinnen und Preisträgern persönlich austauschen konnte. Die Meinungen, Wünsche und wertvollen Impulse junger Menschen sind mir sehr wichtig, denn ihnen gehört die Zukunft.

Das große Interesse unserer Jugend am Mitdenken, Mitreden und Mitmachen stärken wir gezielt an unseren Schulen im Freistaat. Politische Bildung sowie Demokratie- und Werteerziehung sind als fächerübergreifende Bildungsziele an allen Schularten in Bayern im LehrplanPLUS festgeschrieben und Grundprinzip jeder pädagogischen Arbeit. Wir machen unsere jungen Menschen fit, ihre Zukunft aktiv, eigenverantwortlich und verantwortungsbewusst mitzugestalten. Der Schreibwettbewerb „Heute schon an morgen denken" war für unsere Schülerinnen und Schüler eine wunderbare Gelegenheit, ihre erworbenen Kompetenzen einzubringen und ihre Ideen über die eigene Schule hinaus einer breiteren Öffentlichkeit vorzustellen.

Ich danke der Initiative „Werterhalt und Weitergabe" für die Organisation und Durchführung des Wettbewerbs sowie der Jury für die Auswahl der Siegerbeiträge. Den Lehrkräften, die unsere Schülerinnen und Schüler bei der Teilnahme am Wettbewerb unterstützt haben, danke ich für ihren persönlichen Einsatz. Herzlichen Glückwunsch an alle Preisträgerinnen und Preisträger und weiterhin viel Freude beim Engagement für die Zukunftsthemen in unserem Land!

München, im Dezember 2021

Prof. Dr. Michael Piazolo
Bayerischer Staatsminister für Unterricht und Kultus

**Bayerisches Staatsministerium für
Unterricht und Kultus**